残障观察丛书

中国残障观察报告
2018

ANNUAL OBSERVATION
REPORT ON
DISABILITY 2018

解岩／主编

社会科学文献出版社
SOCIAL SCIENCES ACADEMIC PRESS (CHINA)

残障是人性的尺度

——解岩

目　录

自　序　001

第一部分　2018 中国残障年度监测分析　001

年度关键词　003

中国残联三十年　文 / 解岩　004

公约十年　文 / 解岩　019

年度收藏　054

一加一在联合国的首次发言　文 / 解岩　055

年度汉字　064

调　文 / 解岩　065

年度人物　068

蔡聪　文 / 解岩　069

第二部分　2018 中国残障年度行动研究　079

弱社群和强标识：符号学视角下年度残障十大权利事件的隐喻　文 / 解岩　081

听障群体中的口语使用者现状浅析　文 / 朱轶琳　金玲　105

第三部分　2018 中国残障年度权利事件　123

2018 年度中国残障十大权利事件　文 / 解岩　125

2018 年度中国残障十大权利事件评论　145

2018 年度中国残障十大权利候选事件　整理 / 刘振兴　李冰　肖婷婷　183

第四部分　2018 中国残障年度观察述评　215

摇摇滚滚的联合国之路　文 / 马志莹　217

DPO 为什么要掺和家长组织　文 / 解岩　222

家长组织发展要抗的九个干扰　文 / 解岩　228

家长组织为何需要与研究者建立联系　文 / 李学会　239

手语的错位　文 / 解岩　245

盲人励志哥 高考 623"超常化表达"要不得　文 / 蔡聪　249

非暴力沟通下的暴力沟通　文 / 解岩　254

房间里的残障者

　　　　——清华大学无障碍大会引发的思考　文 / 解岩　259

后　记　265

附　录　267

马志莹在联合国《残疾人权利公约》第十一次缔约国会议的
　　发言稿（中文）　269

马志莹在联合国《残疾人权利公约》第十一次缔约国会议的
　　发言稿（英文）　272

自 序

　　黄仁宇先生所著《万历十五年》一书的英文版书名"*1587, A Year of No Significance*"，直译过来是"1587，无关紧要的一年"。借用于此，可以说，在中国残障事业发展的进程中，"2018，无关紧要的一年"。

　　我对无关紧要的感受，说来话长。为人的 45 年里，为残障者已有 18 年，如此算来已然成年。残障者，这个身份对我个人而言，已经无关紧要。从 2006 年创办一加一到现在，时间瞬间驶过 13 年，幸运的是，我开始从事残障领域工作，与联合国《残疾人权利公约》（以下简称《公约》）的诞生同年，也"巧合"得与中国残障事业进入"公约时代"同步，其间所亲身经历和感受到的事，风雨摇摆中变得无关紧要。对比我在 2017 年度《中国残障观察报告》（以下简称《报告》）自序里的文字，字里行间被专业、人情、身份、能力困扰、浸泡，此刻的情绪和心境也就显得无关紧要。再对比去年和今年的《报告》目录，章节的设置虽无变化，但不再如往年追求甚至是刻意为之的满而全。这份报告或有则写之，或吸收合并，或空缺留白，我无关紧要的状态也反映到《报告》的内容。

　　不再怀疑我的身份。无论残障者还是民间行动者，能否担当起《报告》的内容，这无关紧要。身份变不了更逃避不了，也正是这样的身份，注定挑起了这份责任。或许正因为其意义和价值无关紧要，才更能折射出当下中国残障领域和社会的现状。这是一本"必然"会出现的书，"恰巧"我心甘情愿、乐见其成地出现，《报告》有关紧要，而我无关紧要。

不再怀疑我的能力。从 2012 年第一次写影子报告，到 2014 年第一次写年度《报告》至今，每一年都没有停笔过。先把自己封闭起来内省，进而落笔完成 20 万字之多的记录。持续 5 年的历练，好在我没有因为常年的写作变得自负和自傲。苦我心志，劳我筋骨，饿我体肤，空乏我身，行拂乱我所为，所以动心忍性，曾益我所不能。假如经历过还意识不到这其中的无关紧要，那个"自我"活成了"宿命"或"使命"，想必也就更加的无关紧要。

不再怀疑我的专业。此前的怀疑纠结在学术上的专业理解，这一怀疑可以继续，但不必怀疑我的怀疑精神、决不人云亦云的态度，行动中的观察、思考积淀，以及由此生长出来的独特立场和观点。何况这只是一家之说，是那块抛砖引玉的"砖头"，等着诸位涉猎更多论说后去思索，比照探究，以形成你们的观点。我的行动先行，反思先行，记录先行，正是对学术上的理论先行的回应、反抗。而我的无关紧要，也等待着未来残障研究的有关紧要。

不再怀疑我的人情。人到中年本该世故，此时岂再担心为人处世上是否得罪到人？想必已经得罪的人尚未修补，还没得罪的人会继续得罪，但这更不是"少要沉稳老要狂"的理由，以致变本加厉地"不近人情"。恰恰是这样的怀疑和警示，时刻告诫我对事不对人，不可立场先行。在残障领域所秉承的立场基础，当然是《公约》，观点、立场由事实的堆积反应中来，由现象本身的复杂性中来，一旦偏离《公约》的精神和宗旨，人情之剑在本来就是人情社会的中国自然会发射，伤人伤己。有了《公约》的基准，在其中我也是一名修行者，自然无关紧要。

理解了我的无关紧要之后，再解读中国残障事业，"2018，无关紧要的一年"，才会少了些许阻碍和质疑。

首先，无关紧要不意味着工作无内容，反而相对往年而言 2018 年的工作内容更多。仅以残障者的体育赛事为例，2018 年不仅参加了韩国平昌冬残奥会，还参加了印尼雅加达亚残运会。再比如 2018 年中国及各地残联的理事会完成了换届选举，举行了中国残联第七次全国代表大会，更有中国政府提交《残疾人权利公约》的实施情况，中国第二次和第三次合并定期报告（以下简称《二／三次合并报告》）这样几年才有的大事。但如若放在纵横更宽更长的历史中，这都是无关紧要的固定事务，是可预期、有计划的规定任务。

其次，无关紧要不意味着年份无纪念。恰巧，2018 年是中国残联成立三十周年，《公约》在中国生效十周年。中国的残障事业在国内和国际都赶上具有重要意义和纪念价值的年份。然而这两个纪念日在 2018 年中国修宪的历史背景下，前者在行业里还略有动静，后者几乎悄无声息。如此这般，越是无关紧要，其背后越是有其缘由，值得纪念。

最后，无关紧要不意味着记录无价值。毋庸讳言，我在整理 2018 年的《报告》内容时，的确遇到很大的挑战，直白地说就是没的写。这个现象在 2017 年度《报告》的后记里就已经明示：民间无内容。2018 年政府、残联在残障事业发展进程的常态化工作，导致来自政府的议题不是已经写过，就是短时间内体现不出变化。我深深地陷入了写作无内容、无对象、无目标的困境。如此恰恰给了我几年撰写《报告》之后一个停顿和反思的时间。历史是一个关于成长的故事，成长中的烦恼只能在历史进程中逐渐消化。水墨画中的留白，无关紧要的包装和装饰，其意境和影响更有价值。

于是，2018，无关紧要的一年后，我又开启 2018 年度《报告》的写作，延续过往采用的三个方面。

第一，论述维度，继续采用"五维空间"。在 2018 年这一断截面里，选取事件、人物、议题等，从残障领域的多元性、残障与当下社会的互动性、残障所处当下社会的历史性、中国与国际残障运动的关联性、中国与国际社会的共生性等五维空间记录 2018 年中国残障事业发展的轮廓、形象和温度。

第二，写作手法，继续采用"聚焦"的写法。维特根斯坦在《逻辑哲学论》里说："能够说的，都能够说清楚；凡不能谈论的，就应该保持沉默。"[1] 后来《哲学研究》一书的前言中，他自己也做了更正："我本来是乐于创作出一本好书的。结果事与愿违，但是，我能改进它的时间已经过去。"写作手法到内容选择，我虽不回避一些尖锐话题，但必须承认可以说的事情未必可以说清楚，写作下笔时颇费踟蹰。一方面，读者反馈给我，读过往的《报告》文字需要一定的行业背景和基础，否则读不懂，甚至觉得是江湖黑话。一方面，考虑各方的接受程度和时代背景，古人讲"理不可直指，情不可显出"。黑话也好，隐喻也罢，行文时有隐晦，时有指彼而喻此，时有不明线直陈，如云中之龙，只隐约露其鳞爪。另一方面，茶壶里煮饺子这一个令人郁闷至极的泥潭，我始终深陷其中，偶尔上岸，表现出来的是别人一句话，我耗用 500 字还没讲到位。但我愿意把这些暴露给大家，引起关注、思考和研究，供诸位批评、玩味，当然还期待夸奖。

第三，整体结构，继续采用 2017 年度的《报告》格式。保留年度监测分析、行动研究、权利事件、观察述评等四大部分，删除趋势猜想。本年度删除的原因，其一是所跟踪的议题还未破土；其二是行业的"慢性病"在光阴飞驰中懒懒流连，不愿离开；其三是趋势猜想本身就是基于行业的

1　维特根斯坦：《逻辑哲学论》，商务印书馆，1985，第 4 页。

经验和个人的判断，也是《报告》内容中显得最不理性的部分。那么，在无关紧要的一年，不上也罢。此外，还有第一部分监测分析的篇章，由 2017 年度《报告》的 10 章，缩减到 4 章，以此对应上述"没的写"之实。

进一步深入 2018 这无关紧要的一年之中，看似所发生的林林总总，平淡无奇，却已为本年度的内容出炉埋下了伏笔，以至于我并没什么可归纳提炼的空间，只能挑选其中几项详细说明，以表我选择的无关紧要。

一是，关键词"中国残联三十年"，我没的选。等了 2018 全年，始终没有发现民间社会有人对"中国残联三十年"进行全面的回顾和反思，见到的也只是很少的回忆和缩影。来自中国残联的纪念文章，或居功至伟，或叙事宏大，或研究论调。而出自中国 DPO 之手的《报告》不把"中国残联三十年"作为关键词收录，实在说不过去。然而，当我遨游在三十年的发展历程中，试图剥离出一条主线——既可以张弛自如地表达社群情感，又可以收放自如地反映社群期盼的主线，才发现达此目标难也！教育、就业、维权、康复……肢体、视力、心智……法律、政策、标准……人物、里程碑事件、工作模式……仅仅是中国残障事业的内部发展就会有多议题、多障别、多路径等太多条的线路，我放弃了。我还尝试选择民间和官方两条线路，分别和共同摹画出中国残联的三十年，结果我也放弃了，原因是发现民间和官方在推进残障事业发展的道路上，时而平行，时而交叉，时而合并，你中有我，我中有你，交织在一起，还是多个线头缠绕。《报告》的篇幅和交稿期也不允许，故无疾而终。

一边是必须写，一边是下不了笔，计划被搁浅，一拖再拖，直到读到《中国残疾人事业重要文件选编（1978—2018）》，这份中国残联三十年出版的重要的纪念文献。其中自 1988 年以来的七届全国代表大会，邓朴方、张海迪两任中国残联主席，及其所做工作报告的题目，为我的研究指明了方向，提供了素材，使我豁然开朗，遂下笔。以两任中国残联主席作为三十年的时代划分，即邓朴方的"强人残联"和张海迪的"楷模残联"，并对比分析邓朴方主席所做的五届工作报告题目和张海迪主席所做的两届工作报告题目中"奋斗"一词的使用，再去结合中国残联"代表、服务、管理"三大功能在 2018 年、2008~2018 年以及 2018 年之后这三个时间区间里的反映和效果，完成本书。此时汗水已浸湿全身。

二是，关键词"公约十年"，我没的选。本以为这一题目对我而言是信手拈来，与《公约》同出生、共成长的十几年，经历过与《公约》有关的各种历史时刻，想来"公约十年"的撰写定然不难。事实上，撰写这篇稿子的时间超过"中国残联三十年"耗时的一倍以上。表面上的原因有两个，一是文章我不能写成一加一的发展历史。作为创始人，我经常直言不讳，一加一是中国本土的、民间的、唯一的 DPO，此处不就 DPO 与一加一进行论述，往年《报告》都已整理。单就这一句话就已然招致残障社群、研究者、官方等的反对和反感。一旦再以一加一为主书写"公约十年"，难免又会落下口舌。《公约》滋养了一加一，一加一在《公约》中成长，这一事实无人否认。那么，按照时间轴写《公约》生效后的民间社群成果，自然还是以一加一的发展历史为主线和主导。表面原因之二是我不能写成政府的履约报告。《公约》生效之日也是各国政府履约的义务和责任开启之日。2018 年，这一个特殊年份，中国政府又递交了《二 / 三次合并报告》。这份报告有条理、有逻辑、有内容地把《公约》生效十年里，政府在法律、政策等方面的行动和改变呈现得非常清晰。假如再从此角度入手，不仅不能体现民间残障社群的状况，更有越俎代庖之嫌。

放弃这两种论述路径，被表面原因掩盖的核心问题随即浮出水面。无论是以一加一发展历史为主的，还是以类似政府履约报告的形式去撰写本书，直接呈现出来的只是产出（Output），即曾经做过了什么。但所制定的法律、政策或做过的项目、活动，使残障者获得的改变和其改善效果（Outcome）如何？产生的影响（Impact）几何？这些在发展框架下的评估，才是衡量残障者获得实实在在的幸福感的依据。遗憾的是，这些无论是官方，还是学界至今都未曾涉及。此时，我只能回到一加一过往的事件，这是我的亲历也是最为熟悉的，《公约》十年的回忆及整理此刻才算正式开始。

对每一个事件或行动进行归类，然后为其找出一种理论依据。当我做过这些功课之后，惊奇地发现，原来或模仿，或自觉，或自发，或策划，或组织，或凑巧的事件与活动，在残障研究的学术领域都有其理论基础，包括但不仅限于权利、身份认同、集体行动、社会运动、国际法……如梦初醒，如获至宝，原来过去的行动不盲目，不是无源之水、无本之木。当进一步再把每类行动的对象进行明确和分类后，一条清晰的主线呈现出来，也正是本书的五个核心板块：唤醒的权利意识、觉醒的身份认同、变革的社群行动、启蒙的公众意识、困扰的国内履约。结尾时，写得兴起，又给未来留下彩蛋，直接抛出残障研究所面临的"4个脱节"，即价值脱节、社群脱节、理念脱节和学科脱节，才鸣锣收兵。

三是，行动研究中"残障者行为能力制度的反思——以《残疾人权利公约》第12条为视角"，我没的选。该篇既是我硕士的毕业论文，又是与2018年度《报告》同步撰写，这无形中增加了许多压力。自2015年12月底开始，进入中年的我，学范进，跟自己犯劲儿，去了中国人民大学法学院学习，其间大大小小的考试课程近20门，历时3年才走到毕业答辩的阶段。论文选题，又一次与自己犯劲儿，选了但凡学民商法的人都知道的行为能力制度，还选了少有人知道的《公约》和以第12条为视角，这样一多一少所引发的奇妙旅程，未来再与诸位分享，但我保证这是《公约》

生效十年后，我的又一次启程。如今，答辩完毕，获得法学硕士学位，着急忙慌地将论文公之于众，丝毫没有任何得意。因为我知道，2018，《公约》生效十年的纪念里，如果没有《公约》第 12 条的专题，那一定是少了很大一块的理念实践。而在中国和中国的法律界，残障者的行为能力制度，又牢牢地掐住中国残障者前行的步伐。赶紧抛出最核心的问题，我怎能有的选呢？

四是，权利事件中的"弱社群和强标识：符号学视角下年度权利事件的隐喻"，我没的选。这篇是继 2017 年度《报告》中的"残障十大权利事件在中国的诞生、演绎与发展"一文之后的姊妹篇。上篇更像是一篇回忆录，回答"从哪里来"，而这篇直接掀开了盖头，回答"我是谁"，是一篇偏重于残障与媒介的学术文章，是受 2019 年初占据畅销书榜单《弱传播——舆论世界的哲学》一书的启发完成。该文中，分别以残障者和非残障者为主体，各自划分出 9 类"弱"和 9 类"强"，以此解码、定义和诠释残障这个"弱社群"。好在我没有再进一步举例，否则会把残的、不残的全人类都"得罪"苦了，谁让我说"残障是人性的尺度"。文章的第二部分，对"权利"做阴、阳两条线路对立统一的论述，以明确"权利"作为强标识的缘由。文章最后，进一步解释残障和权利的符号及隐喻，进而提出权利的传播论，权利的表象、表面、表达和表现之"四表"。写得着实酣畅淋漓。

以上之四个"没的选"，是我心之所向，也是我重点推荐给诸位 2018 年度《报告》里的看点。其中有遣词造句等方面的不妥，当然应由我负责，敬请诸位批评指正。另外，还有一点，是我故意而为之。2018 年度《报告》大部分的文章都多了一些各学术流派的学者之观点引用，流派选择得很杂并未统一，这是我留给自己的余地和缺口，如实记录以表残障研究的跨学科和多学科之意，特做此补充说明。

最后，感谢李学会老师对我的点拨，"2018，无关紧要的一年"之顿悟就得益于他，故将本文"自序"的落款时间前提至 2019 年 8 月 24 日，地点西安，以纪念我俩及一众人等醉酒后的灵光乍现。感谢崔凤鸣老师，这是一份迟到的感谢，因为 2017 年度《报告》的封底推荐文字，是凤鸣帮我润色，为本书增色不少，2018 年度继续沿用。感谢马志莹老师，2018 的年度收藏，是志莹代表一加一在联合国发言的记录，以及给我描述的现场的所见所闻。还要感谢丁雨婷老师，每每被我用文章的诱惑，套路她做我的文字的编辑。我自知我的表述多晦涩难懂，但她依旧欣然承接，美其名曰"为人民服务"。还有本书所收录文章的各位作者，谨此一并致衷心的谢意。

解 岩

2019 年 8 月 24 日于西安

第一部分

2018 中国残障年度监测分析

残障作为一个领域，其深度、广度和容量，足以延伸至社会发展进程中的各个行业和部门；其影响、推动和改变，足以触及社会各个阶层。这不是夸大其词，这是一个现实的结果。即使当下的公众，残障所涉及的从业机构和人员，以及残障所影响的人群，还没有普遍觉醒和认同，残障议题作为一个跨领域和多领域的趋势和事实已经势不可挡。此时的 DPO，以年度为单元监测分析，以此观察、思考和记录中国残障领域的点滴。

年度关键词

　　作为独立的记录者、思想者和行动者，来自中国残障社群的我们，截取每一个完整的自然年份，仔细搜集、反复咀嚼、审慎梳理，从中选择和确定基于残障、民间、官方和国际的，与中国经济、社会、文化发展直接相关的事件，提炼本年度中国残障领域的关键词，进而加以抽丝剥茧、迭代论证、拨乱反正，记录和阐述社会发展进程中残障领域的关键节点、工作脉络与相互联结，勾勒和呈现一幅现实版的清明上河图。

中国残联三十年

文 / 解岩

1. 前言

2018 年，中国改革开放 40 周年，在这 40 年里的后 30 年，也就是自 1988 年始，中国残疾人联合会由中国盲人聋哑人协会、1984 年成立的中国残疾人福利基金会和联合国残疾人十年中国组织委员会秘书处合并组建成立，它是残疾人及其亲友的统一组织，履行"代表、服务、管理"职责。从那时起，中国特色社会主义事业的发展版图里，中国残联成为其中一部分。2018 年，正是中国残联成立 30 周年。

中国有逢五逢十的庆祝惯例。2018 年，全国各行各业全面回顾、总结和展现改革开放 40 年取得的巨大成就，在这一背景下，对中国特色残疾人事业的全面论述，由中国残联研究室副巡视员、残疾人事业发展研究中心厉才茂主任撰写的《中国特色残疾人事业的历史方位》完成。但同时，改革开放背景下的中国特色残疾人事业，稀释了对中国残联 30 周年的纪念和反思，因为中国残障事业的成就包括中国残联的发展，中国残联的发展不等于中国残障事业的全部。回想十年前，中国残联成立 20 周年之际，《中国残疾人》杂志 2008 年第 3 期发表了中国残联原发展部主任丁启文的一篇文章，题为《旗帜·要义·反思——为中国残疾人联合会成立 20 周年作》。该文对残联的工作进行了深刻的反思。

2018 年，中国残联 30 周年的纪念文章，类似丁启文先生所做的批评与自我批评，很是鲜见。事实上，如果不是中国残联系统内部人员所进行的批评与自我批评，并且发布在中国残联内部系统的刊物上，即使在十年前，该行为也是少之又少，这的确是件极具挑战和风险的事情。一方面，这是针对非常具体的组织和系统的反思，需要勇气和气魄；另一方面，反思的深刻程度，自我批评的度该如何把握，需要胆识和智慧。此刻，舍我其谁的心态，无论是对中国特色残障事业，还是中国残联，都如老子所言，"是以兵强则灭，木强则折。强大处下，柔弱处上"。

如此，着实给年度《中国残障观察报告》出了一道难题。中国残联成立 30 周年，各种总结和年度关键词，不写，显然不合常理。写，如何写，写不好岂不是愧对大家。这样的心态可以理解，可是作为《中国残障观察报告》来说，又有失专业定位。刚巧，笔者在这 30 年里，前 15 年里为非残障者，截止到 2018 年的后 15 年里为残障者，残与非残之间的身份切换，再加上奇妙的心态在作祟，更增加了记录中国残联三十年的意义。算作插曲，记录开始。

2. 中国残联的 2018

中国残联的 2018 年，康复、教育、就业、维权、国际合作、宣文等业务部门的工作与往年相比并无不同。只是恰巧赶上一些发展进程中必然出现的大事件，以及与中国社会同步发展出现的大事件，让中国残联成立 30 周年的 2018 年增添了与众不同的意义。

2018，中国轮椅冰壶队创造历史，在韩国平昌冬季残奥会上夺得中国冬季残奥会首金，这是自 2002 年美国盐湖城冬季残奥会，我国派团参赛以来取得的历史性突破。4 年之后的 2022 年，将在北京举办冬季残奥会。体育方面，还有在印尼雅加达举行的第三届亚残运会，中国代表团再次获得金牌和奖牌总数第一。亚残运会的下一届举办，将是 4 年之后的中国，地点杭州。

2018，中国残联及其各地方残联完成换届。9 月 14 日，中国残疾人联合会第七次全国代表大会在北京人民大会堂开幕。习近平、李克强、栗战书、汪洋、王沪宁、赵乐际等党和国家领导人到会祝贺。韩正代表党中央、国务院发表了题为《在新时代的伟大征程中创造残疾人更加幸福美好的新生活》的致辞。此前不久，中国残联的理事长，基本上按照五年一换的惯例，依然还是从其他部委调任，在第七次全国代表大会前完成交接。

2018，10 月 1 日起全面实施残疾儿童康复救助制度。经李克强总理签批，国务院印发《关于建立残疾儿童康复救助制度的意见》，旨在全面贯彻落实党的十九大关于"发展残疾人事业，加强残疾康复服务"的重要部署，改善残障儿童康复状况，促进残疾儿童全面发展，减轻残障儿童家庭负担，完善社会保障体系。对符合条件的 0-6 岁视力、听力、言语、肢体、智力等残障儿童和孤独症儿童，包括经济困难家庭、福利机构收养的残障儿童和残障孤儿等，提供手术、辅助器具配置和康复训练等救助。救助经费纳入县级以上地方政府预算，中央财政给予适当补助。到 2020 年基本实现残障儿童应救尽救。

2018，又出台了一批标准。历时七年研究、规范与试点的《国家通用手语常用词表》和《国家通用盲文方案》于 2018 年 7 月 1 日起实施。9 月 1 日《中华人民共和国国歌》国家通用手语版正式发布和使用。助残日出台《导盲犬》国家标准（GB/T 36186-2018）。

2018，中国残联主席张海迪再次当选康复国际主席。这意味着，

2014 年在波兰华沙首次当选 2016 年至 2020 年度康复国际主席的张海迪，将继续于 2020 年至 2024 年，担任成立于 1922 年具有近百年历史的、设计无障碍标识"坐轮椅者"的国际机构——康复国际的主席。

2018，首次在全国助残日发行纪念邮票，共一套一枚，面值 1.20 元。5 月 20 日第 28 个全国助残日当天，全国各邮政网点统一对外发行出售全国助残日纪念邮票。1990 年 12 月 28 日第七届全国人民代表大会常务委员会第十七次会议审议通过《中华人民共和国残疾人保障法》第 14 条规定："每年五月第三个星期日，为全国助残日"。这是国家邮政局在中国残联配合下首次在全国助残日发行主题纪念邮票。2018 年全国助残日的主题是：全面建成小康社会，残疾人一个也不能少。关于与残障题材有关的邮票，之前还有：1981 年 11 月 10 日发行《国际残疾人年（J.72）》1 枚，邮票面值为 8 分；1985 年 3 月 15 日发行的《中国残疾人》（附捐邮票）的特种邮票（T105），全套 4 枚，每枚邮票面值均为 8 分，附捐 2 分，第一枚《盲文》，第二枚《哑语》，第三枚《假肢》，第四枚《轮椅》；1994 年 9 月 4 日发行第六届远东及南太平洋地区残疾人运动会纪念邮票 1 套 1 枚（1994-11），邮票面值为 20 分；2008 年 9 月 6 日发行北京 2008 年残奥会纪念邮票 1 套 2 枚（2008-22），每枚邮票面值均为 1.20 元；2010 年 9 月 3 日发行广州 2010 年亚洲残疾人运动会纪念邮票 1 套 1 枚（2010- 21），邮票面值为 1.20 元；以及 2011 年中国浙江中华人民共和国第八届残疾人运动会套票纪念册。

2018，残障者脱贫攻坚战还在继续。10 月 12 日，中国残联在石家庄市启动全国残联系统助推贫困残疾人脱贫攻坚三年行动，河北、河南、湖北、广西、四川、青海、宁夏等 7 个省（区）残联就贫困残疾人脱贫工作进行了交流,24 个有扶贫任务的省（区、市）签订了《省级残联助推贫困残疾人脱贫攻坚责任书》，从精准掌握贫困残疾人底数、落实残疾人各项扶持政策措施、加强对基层残联的培训督导、探索扶贫地方特色经验、激发残疾人脱贫内生动力、加强扶贫领域作风治理等九个方面，明确了残联组织助推贫困残疾人脱贫的具体工作任务。两年之后就进入全面建成小康社会的 2020 年。

2018，残障事业还在继续，包括全国两会代表委员继续建言献策残障事业；中国残疾人艺术团《我的梦》的演出，已换成新版的了；城市无障碍检查和示范在继续，已经迈进雄安新区进行无障碍标准的研究和编制；逢年过节、助残日、国际残疾人日的慰问在继续，社会捐赠的活动多了起来；参加联合国、中美残疾人事务协调会等国际会议，出访和接见外国友人在继续，尤其是国际狮子会第五十七届东南亚年会在海口的开幕亮相；信息无障碍会议在继续，已经开到了第十三届……

继续的还在继续，在中国改革开放 40 周年大背景下，中国残联成立 30 周年的小背景下，中国残联的 2018，一切业务都在继续着。

3. 2008 年到 2018 年的中国残联

自 1988 年中国残联成立，到 2018 年的 30 年里，中国残联主席，这一中国残障事业发展的标志性职务和人物，其变更只易人一次，仅由两人担当：一位是邓朴方，中国残联荣誉主席，一位是张海迪，中国残联现任主席。2008 年 11 月 13 日，中国残联第五次全国代表大会选举邓朴方为中国残联第五届主席团名誉主席，张海迪为中国残联第五届主席团主席。由此，中国残联成立 30 周年的前 20 年，我将其定义为邓朴方时代的残联，后 10 年的 2008-2018 年，乃至未来更长的时期里，我定义为张海迪时代的残联，以此标准划分中国残联成立的 30 年。两个人的成长经历不同，所处的社会进程和背景不同，他们所带领的中国残联的发展阶段也不同，也正是因为两个人具有的时代烙印之鲜明，通过整理、比较两人的个人背景、社会背景和中国残联发展阶段等方面的异同，我们可以更为全面地、更具代表性地呈现出中国残联发展的 30 年，尤其是 2008 到 2018 的中国残联。

众所周知，邓朴方的个人独特经历和作用，促成了中国残联的成立。

改革开放之后，作为改革开放总设计师邓小平的儿子——邓朴方，以得天独厚的条件和能力运作出中国残联。与其说中国残联前 20 年是邓朴方时代的残联，不如说是强人残联。小到一个家庭，中到一家企业，大到一个国家，在初创期"强人"的出现，是必不可少的，甚至无法替代，更何况，是如此之弱的残障社群。强人出现和其带领下的残联，以一级组织的法律地位，在市场竞争、利益博弈的年代里能够诞生和长大，实乃中国残障社群之幸。

强人，将中国残联带到一定高度，建构起完善的业务体系和组织架构后，历史选择了他的继任者——张海迪，一位道德楷模，与 1944 年出生的邓朴方相差十一岁，同样使用轮椅。出生于 1955 年的张海迪，没有邓朴方显赫的家庭背景，不同于邓朴方中途残障的经历，出生在普通家庭的张海迪，小时候因脊髓血管瘤导致高位截瘫，在残酷的命运面前，为做一名对社会有用的人，她凭借顽强的毅力，与疾病做斗争，自学成才，这也是那个年代里大多数残障者共同的经历。她的努力和事迹终于在 1983 年得到回报，《中国青年报》发表《是颗流星，就要把光留给人间》，让张海迪名噪中华，先后获得各级"优秀共青团员""三八红旗手""杰出青年""劳动模范"等称号……接下来，进入残联体系的干部培养序列，也曾到海外接受过培养。如此，张海迪从普通家庭，以残障之躯，一步步实现了道德楷模的从政之路。2008 年，她接任中国残联主席一职，宣告中国残联从"强人残联"时代进入"楷模残联"时代。

张海迪时代的"楷模残联"，最初几年，无论她出现在哪种场合，大家争相与其合影。那时候，她刚刚接手中国残联主席，大多数人并没有意识到她这一社会职务的变化。一方面，是道德楷模所必然赋予其"神化"般的形象；另一方面，是张海迪角色发生转变的适应过程和阶段，同时，也是"强人残联"发展 20 年后自然留下的印记和影响，公众习惯了残障代言人的形象。另外，张海迪领导的"楷模残联"，也面临承上启下、继往开来，如何传承和发展、提出新的理念、建立新的业绩等一系列问题。那么，作为中国残联主席，在每五年一届的全国代表大会上，代表主席团向大会所做的报告，就成为观察这一变化较为有效的渠道。于此，整理七次中国残联全国代表大会的报告，题目如下。

1988 年 3 月 11 日，中国残联筹备领导小组组长邓朴方所作《团结奋斗，开创残疾人事业的新局面——在中国残疾人联合会第一次全国代表大会上的报告》。

1993 年 10 月 6 日，中国残联主席邓朴方所作《为祖国的繁荣昌盛和残疾人事业的发展而奋斗——在中国残疾人联合会第二次全国代表大会上的报告》。

1998 年 10 月 16 日，中国残联主席邓朴方所作《为实现我国跨世纪的宏伟目标和残疾人事业的持续发展而奋斗——在中国残疾人联合会第三次全国代表大会上的报告》。

2003 年 9 月 8 日，中国残联主席邓朴方所作《努力实践"三个代表"重要思想，团结带领广大残疾人为全面建设小康社会而奋斗——在中国残疾人联合会第四次全国代表大会上的报告》。

2008 年 11 月 11 日，中国残联主席邓朴方所作《高举中国特色社会主义伟大旗帜，为加快残疾人事业全面发展而奋斗——在中国残疾人联合会第五次全国代表大会上的报告》。

2013 年 9 月 17 日，中国残联主席张海迪所作《自强不息，团结奋斗，为残疾人兄弟姐妹创造美好生活——在中国残疾人联合会第六次全国代表大会上的报告》。

2018 年 9 月 14 日，中国残联主席张海迪所作《以习近平新时代中国特色社会主义思想为指引，团结带领残疾人兄弟姐妹共奔美好小康生活——在中国残疾人联合会第七次全国代表大会上的报告》。

这七份报告，不仅是一份每五年一次的中国残联主席全面的述职报告和中国残联理事会的工作汇报，更是一份不同阶段时代背景下中国残联主席的政治态度和主张。仅从报告的题目中，就可以看出些许端倪。

邓朴方在任的五份报告题目中，全部有"奋斗"二字，并且除了第一次全国代表大会之外，全部以"……而奋斗"作为报告题目的结尾语，每条标题的修辞结构，都是"为……而奋斗"，其要义自然也会落到重音"奋斗"二字。这些鲜明的题目，充分体现了强人带领残联创业阶段的心态和行动。奋斗、奋斗、再奋斗，中国残联前 20 年，是"奋斗"的 20 年。此外，五份报告题目中，4 次使用"残疾人事业"一词，仅有 1 次使用"广大残疾人"，足见邓朴方时代的"强人残联"，其"奋斗"的目标是"残疾人事业"，这份事业里包括残障者和非残障者，是全社会的责任，最终的受益者当然是"广大残疾人"，并且冠以"事业"的奋斗，定然是终生的，非一朝一夕就能实现的。

"奋斗"一词在报告题目中的使用，延续到张海迪继任后的第一次报告，"为……"的修辞结构继续保留，变化是"为……而奋斗"改变为"为……创造……"，以此完成承上启下的交接。之后张海迪主席的第二次报告题目中，"为……"和"奋斗"的用语不见了，代之的是"共奔……"的行为动词。此外，"残疾人事业"不再出现和使用，更值得注意的是，邓朴方所做报告的题目中，从未出现"残疾人兄弟姐妹"的字样，只是"广大残疾人"，而张海迪时代的"楷模残联"，仅有的两次报告题目，全部出现了"残疾人兄弟姐妹"的字样。以上这些初步说明，中国残联，开始变化了。

一变，中国残联的发展动力要变了。古语道"成家立业"，现代有争论"成家立业"还是"立业成家"。"成家"和"立业"，对个人而言看似是有先后，对于一个组织建立必然是同步的。"成家"意味着组织内部各组成结构的构建完成，大家像一个家庭一般团结在一起为了共同的目标而奋斗，在商业上理解为"合伙人制度"；"立业"意味着组织对核心业务的范围和性质的打磨和确定，完成"做什么""怎么做"的过程。"奋斗"的前20年，从一穷二白、居无定所，到吃饱穿暖、安居乐业，实现中国残联的"成家立业"和"立业成家"。接下来10年的中国残联，在张海迪带领下，用"创造"和"共奔"的行动，快速地直面美好生活。中国残联的发展动力发生变化，创业团队的"狼性"没了，取而代之的是"披着狼皮的羊"。谁也不否认残障社群依然弱势，更何况做残障者、做"人"的工作本身就决定了其性质的复杂性，耗时、耗心力、耗资金……但组织层面的建设初步实现，业务模式固定，从无到有之后，下一个目标在哪里。

二变，中国残联的主体性要变了。媒体常用"农民工兄弟""残疾人朋友"的叫法，以示对"弱势群体"的亲切和关爱。类似这般"XXX兄弟""XXX朋友""XXX姐妹"的叫法出现在报告题目中，一方面，彰显张海迪主席女性领导者的柔美之气，是"道德楷模"的延续；另一方面，显示中国残联的主体性发生变化，"残疾人事业""广大残疾人"，变成"残疾人兄弟姐妹"，改为母亲、大姐姐般对弟弟妹妹的亲切叫法。这种主体性的变化，在两位领导者的残障身份上并没有变化，同为轮椅使用者，只是性别、致残年龄、原因、成长环境等方面不同。主体性的变化，是在看待残障的态度上，以及态度形成的原因，即领导者、中国残联、政府部门、社会公众等众多相关方，随着时代的不同，在彼此的关系和联结中发生的变化，也是没了强人之后，保障话语权的机制发生的变化。

"三十而立"，孩子长大自然要离开原生家庭，进入社会经营自己的生活。30 岁的中国残联，从 1988 年以来的 20 年里踏上成人的过程，2008 到 2018 的 10 年进入青壮年，找寻他的人生定位，是自然而然。再从组织发展阶段分析，发展动力和主体性发生变化，其根本原因是中国残联的发展阶段发生变化。用一个"开"字，定义处于改革开放历史阶段下的中国残联。"开"，是一家初创期组织的发展阶段，"开"需要强人，需要有强大的社会资源，需要有舍我其谁的气魄和信心，带领一群人"杀"出一条血路。历史选择了这位带领者邓朴方，具有残障身份和个人特殊的作用，加持了这个"开"字，会开能开并实际打开，此时的中国残联是"强人残联"。当历史的下一个选择，落在张海迪这位道德楷模身上，其必然性又迎合了一个字——"和"。"和"，相安、协调、和美、温和、和谐之意，没有了强人出场的强大气场，外表显得柔软，其楷模的过往经历，在柔软的外表下又是坚强的硬核。与其说历史选择张海迪，不如说一家组织发展到这个阶段，需要这样一位气质的领导者。

2008 年到 2018 年的中国残联，在张海迪的带领下，进入下一个发展周期。

4. 2018 年后的中国残联

谈中国残联成立的 30 周年，始终绕不开一个话题，虽然本文一直回避，但终究是要面对。为中国残联成立 20 周年而作的那篇纪念文章，已经揭开面纱，按照现在的情况发展，中国残联未来如何定位？更简单一点表述，即中国残联还会不会存在？笔者的回答，这是一个伪命题，不如这样问：中国残联该怎么做才会存在？其实，这个问题早在 30 年前，邓朴方时代的中国残联，就在用实际行动作答。如果没有开拓精神，等于辜负了党和国家、政府对中国残联的嘱托，辜负了几千万残障者的殷切期盼。当残障者有了自己的组织，有了自己的家，这对于常年散落在各个角落里的残障者们，无疑是一道光，照亮了我们的生活，从这个角度，"开"字，也应和那个阶段的中国残联所展现的开荒和开"光"。

30 年后，"开"字过渡到"和"字，迎来一名温文尔雅的女性领导者，外表和气质的"和"，与政府各部门的"和"谐，对残障社群的"和"蔼，与国际社会的"和"而不同，那么，还要不要"开"呢？答案是肯定的，要。当组织发展有了带头人、有执行团队、有主业，如果没有理念和价值观的支持，等于"和"得没有底线，"和"得没有尊严，等于任人宰割，等于无存在价值。因此，需要理念"开"路，此阶段的"和"是以理念做基础的行为上的"和"，此阶段的"开"是理念的更新，是再次创业。

2018 年 11 月 19 日，新任中国残联理事长周长奎，在中国残联改革工作部署会暨机关干部"走转改"启动会上，发表《残联三十年 改革再出发》的主题讲话。讲话指出，做好残联改革工作，是以习近平同志为核心的党中央加强和改进党的群团工作的明确要求，是实现新时代残疾人事业新发展的根本动力，是破解残联自身突出问题的关键举措。残联全体同志必须提高政治站位，统一思想认识，把深化残联改革作为增强"四个意识"、坚定"四个自信"、践行"两个维护"的具体体现和实际行动，作为对改革开放 40 周年、残联成立 30 周年最好的纪念。

这次改革是在中国共产党全面整肃纪律的背景下开展的，是偶然中的必然。我们依然可以残联改革部署的八个方面的重点任务为研究对象，对2018 年后的中国残联的发展再行解读。这八个方面包括：（1）讲政治。即通过改革来增强政治性。（2）强基层。即通过改革提升基层组织活力和服务能力。（3）转作风。即通过改革克服"四化"。（4）"专兼挂"。即通过改革进一步优化机关干部结构。（5）广代表。即通过改革体现群众性。（6）助小康。即通过改革补齐残疾人民生短板。（7）信息化。即通过改革提升科技应用水平。（8）聚主业。即通过改革更好地聚焦服务残疾人事业。现规整这八个方面，从三个维度分析 2018 年后中国残联的发展趋势。

首先，对中国残联章程中的代表、服务、管理三种职能，新时代有新理解。中国残联章程中的第三条规定，即中国残联具有代表、服务、管理三种职能：（1）代表残疾人共同利益，维护残疾人合法权益。（2）团结帮助残疾人，为残疾人服务。（3）履行法律赋予的职责，承担政府委托的任务，管理和发展残疾人事业。上述八个方面的任务，率先要去对应中国残联的"代表、服务、管理"三大职能。

"代表"是三大职能中的第一顺位。在章程中的代表之意，不仅代表残疾人共同利益，更是代表党和国家、政府从事残障事业。"讲政治"加强执政党的领导，就是加强残障者公民的政治权利，其代表机构，即为中国残联。这与章程中代表残疾人共同利益，并不矛盾。只是更加鲜明地表明，残障者的政治权利，以及中国残联是广大残障者政治权利和诉求实现的代表机构。"广代表"和"专兼挂"，只是残障者政治权利实现的手段和方式。

"服务"是三大职能中的第二顺位。"助小康""强基层"是章程中为残疾人服务的具体实现方式。与全国人民一道全面建成小康社会，这是 2020 年必须完成的硬任务，各种资源最薄弱的、最容易被忽视也是最难的必然是最基层的残疾人，基础加强起来，是基层残疾人专职委员的职业尊严和能力变强，其建设起来也是最慢的。"管理"是三大职能中的第三顺位。"信息化"是章程中管理和发展残疾人事业的手段。如今，更可以理解为残障服务行业的管理。这里只将报告八个方面中的六个逐一对应三大职能，还有两个"转作风"和"聚主业"不在其中。

其次，中国残联的定位和对发展阶段的清醒认识。依前述分析，"开""和"两个发展阶段，并不是一家组织发展的全过程，按照笔者对组织发展脉络的"五字诀"，还有三个字是接下来会经历的（到时再讲），历史也会顺其自然地做出选择。报告八个方面中缺少的"转作风"，恰巧对应中国残联发展动力和主体性发生变化的论述。2018 年中国残联及其各级残联换届后，当年与邓朴方共同创业的一批残联干部，几乎都已到或临近退休年龄，一批新人的加入，虽然在能力上得到提升，但有一点很难解决，与残疾人没那么亲啦！这不是走进基层、转变作风就能改变的，没那么亲，意味着动力没那么足，残障主体没那么多。而"广代表""专兼挂"的改革，其实是贬低了现有残联干部的专业。为什么这么说？举个例子，人每天吃饭，但吃饭不等于会做饭，这个常识大家都懂。同理，不是说一名残障者的残障伴其身，他就一定懂残障的专业工作。在这个意义上，代表越广，挂和兼越多，也就越可能流于形式。"转作风"要转变风向，要从根上做起，清醒地认识到中国残联的定位和 30 年的发展历程，并把握好今后的发展趋势和方向。

最后，中国残联的理念转变，是一切发展的前提。报告八个方面里，最后一个是"聚主业"，那么，何种理念下，就会聚何种主业，理念错了，主业聚多了，积重难返，"千丈之堤，以蝼蚁之穴溃；百尺之室，以突隙之烟焚"。一直以来，"残障者对社会的贡献具体有哪些?"面对这一具体问题，回答多为中国残障事业为党和国家、政府做出的贡献，而缺了残障者个体的贡献。在传统的医疗模式下，救助成为主基调，在此基础上自然形成一种无形的印象，即残障者的事情是永远填不满的洞。即使再去用身残志坚、自强不息来描写，落实到具体的财政预算上，似乎唯有"钱"能发展中国残障事业。而在发展和人权的框架下，必须回答残障者能带给社会的贡献具体是什么。以事业代替机构，以群体代替个人，一旦面对非常具体的某一名残障者时，就变得束手无策。于是，又回到了救助、帮扶和补贴的循环往返里。这的确是闭环，是商业社会里所讲的闭环，可是，这里不是商业社会。

当然，理念的转变，改革的深入，不是踩急刹车，马上就能改变，是钝刀子切肉，一点点磨出来的行动，是星星之火可以燎原的影响，最终达成共识。从邓朴方时代的"强人残联"，进入张海迪时代的"楷模残联"，短短 30 年，从"开"到"和"，其间，叙事宏大、惊心动魄的历程，绝非文章所能描述得清，更不能妄加论断。

5. 结语

2018 年，我们必须选取"中国残联三十年"作为年度关键词，透过相对静止的一个年份的观察，呈现改革开放 40 周年、中国残联成立 30 周年取得的成就。文章结尾，再次引用中国残联新任理事长在报告开篇的内容，共同感受这不平凡的 30 年。

　　"今年是改革开放 40 周年，中国残联成立 30 周年。40 年来，党团结带领人民进行改革开放新的伟大革命，成功开辟了中国特色社会主义道路。中国残联在改革开放中诞生，在改革开放中成长，残疾人事业乘势而起、因时而进，走过了不平凡的历程，取得了辉煌的成就，今天站在了一个新的历史起点上。中国残联是改革开放的产物，残疾人事业的发展得益于改革创新。正是几代残疾人工作者一个又一个敢为人先的探索和锐意进取的突破，成就了今天的残疾人事业；对残联 30 周年最好的纪念，就是在我们这一代人手中，继续深化改革，推动改革再出发，使残疾人事业在新时代焕发出新的生机活力，创造新的辉煌业绩。这是我们的责任和使命。"

公约十年

文 / 解岩

1. 前言：不得不说

十进制的算法，2018 年，是联合国《残疾人权利公约》（以下简称《公约》）自 2008 年中国批准生效的第十个年头。十二进制的算法，2018 年，是《公约》自 2006 年联合国大会通过的第十二个年头。无论选择哪种，2018 年，都是《公约》诞生后与中国息息相关的大年份。本文选择"公约十年"作为题目，是因为缔约国唯有批准，《公约》才能在本国从生效进入履约，也就是说《公约》得到中国政府的承诺在国内生效履约，只能是以"十年"为基准，之前的两年都是批准前的准备和流程。在 2016 年《公约》通过十年之际，国务院残工委在北京举行"纪念《公约》通过十周年大会"，联合国秘书长潘基文应邀出席。而 2018 年《公约》在中国生效十年之际，仅仅发现一次与之有关的纪念活动，即 2018 年 8 月 31 日中国人民大学法学院举办"改革开放四十周年与中国残障人事业发展——纪念《残疾人权利公约》生效十周年"研讨会。

进入 21 世纪，残障者专属的国际人权条约在中国落户，既有中国的发展与国际社会相互交融的必然，也有恰逢 2008 年北京奥运会和残奥会特殊历史节点的偶然，更是特定历史人物中国残联荣誉主席邓朴方的运筹帷幄使然。《公约》的出现是历史选择的结果，更是全世界残障者们集体抗争的结果，是世界各国政府和社会对残障者人权保障共同基准认可的结果。终于，全世界残障者以《公约》作为一致的精神和指引，以《公约》作为统一的行动纲领和价值判断；终于，因着《公约》，中国残障权利运动纳入国际社会和世界范围，中国的残障者、残障社群及残障人组织接触到国际理念和全球视野。

《公约》在中国生效的十年，是残障社群权利意识唤醒的十年，是残障者身份认同觉醒的十年，是残障社群行动变革的十年，是公众意识获得启蒙的十年，是国内履约面临困扰的十年……透过《公约》十年在中国，残障与社会，都在发生着潜移默化的改变。

2. 唤醒：权利意识

长期以来，中国的残障社群对于"权利"二字并不陌生，甚至是与生俱来就有的，他们对于"权利"的渴望从来都不隐藏，对于"权利"的争取从来都没有停止过。权利是一个既复杂又简单的词，人们从各自的经验理解权利，往往用自由、平等、民主、人性、利益、正义等其他相关词来为权利下定义，而这些概念本身便如同权利概念，在定义中也存在着诸多分歧、模糊和不确定性，导致对权利的认识更为模糊而不清晰。但恰恰也正是这样的模糊和不清晰，中国的残障社群在使用权利二字的时候，更为直接和明确，因为无论是应有的权利、法定的权利，还是实际的权利，无论哪一个层面上的权利，中国的残障社群整体上都缺。既然缺，就不管那么多理论和逻辑，用就是了，不陌生，不回避。

然而，在权利争取的道路上，不同残障者，每一个的个体差异、所处环境之不同，造成其权利诉求之多样。权利理论和本质也有多种见解，比如资格说、主张说、自由说、利益说、法力说、可能说、规范说、选择说等。中国古代汉语表达中的权利二字，往往指一个人的社会地位、势力以及利益等内容，与权利一词的本质和使用并不完全相同。现代话语背景下，权利又被"权力"这个词冲击或与之混淆。所以中国的残障社群对于权利的争取自然表现为整体上缺，个体上异，理解上乱，行动上弱，效果上差。现实中，形成"维权、信访和维稳"三合一的循环和怪圈。"维权"成为理由，既是残障者实现诉求的理由，也是中国残障者们的代表机构——中国残联的存在理由之一。"信访"成为手段，以书信、走访、邮件、电话等多种形式，反映情况，表达意见，吁请解决问题。一旦接受法律援助，通过法院受理残障者们的案件，观念和执行上都是大事难事。

这一状况，从 2008 年开始得到改善。本已一盘散沙的中国残障社群久旱逢甘霖般遇见了《公约》。

首先，《公约》解决了残障社群对权利概念理解的模糊。残障社群不是国际人权条约的研究者，不是法学家，无须理解人权和权利的异同。《公约》中所定义的具体权利，全面而细致地呈现出残障者日常生活中的场景和主要障碍。其条文的简练、清晰和明了，即便不懂法律的残障者，读起来也不吃力。更何况，那里每一个具体权利，都反衬出每一个残障者在不同的人生阶段所经历的事实。

其次，《公约》解决了残障者个体差异所导致诉求不统一的问题。一方面，《公约》除在第 1 条出现不同残障的状态、第 24 条使用"聋人、盲人"、第 30 条使用"聋文化"之用词外，其他条款均未涉及残障的具体类别或标识。这意味着残障类别不同的残障者们，实现了个体和整体的统一，不必因为社群内部的障别不一致而各说各话，因为大家对权利的争取是一致的。另一方面，残障个体尽管因经济、文化、受教育程度等因素干扰存在差异，在《公约》的序言、一般原则、一般义务以及每一项具体权利中，都能找到属于自己、切合自己需要的内容，而且具体又明确。

最后，《公约》解决了国情差异所带来的适用问题。每每提到残障权益保障，中国人口众多、区域发展不平衡等因素都会成为中国残障领域不能同其他国家和地区相比的理由。《公约》为各缔约国给出了权利的具体框架，即使各国发展阶段和条件不同，只是在实现程度上有差别，具体权利实现的目标和监测标准是一致的，国情差异不再成为残障权利实现的阻碍和借口。

古希腊伟大的哲学家苏格拉底，有个唤醒石狮子的故事。苏格拉底的父亲是一位著名的石雕师傅，在苏格拉底很小的时候，有一次他父亲正在雕刻一只石狮子，小苏格拉底观察了好一阵子，突然问父亲："怎样才能成为一个好的雕刻师呢？"父亲说，"以这只石狮子来说吧，我并不是在雕刻这只石狮子，我是在唤醒它！""狮子本来就沉睡在石块中，我只是将它从石头监牢里解救出来而已。"

改革开放后的中国残障社群早已经苏醒，2008 年《公约》在中国批准生效，中国残障社群的权利意识得到唤醒。有句话"你永远叫不醒一个假装沉睡的人"。中国的残障社群，面对权利，不会假装，更不会沉睡，我们只是一直没有找到唤醒的方式。如今，《公约》十年，是中国残障社群权利意识唤醒的十年，从身体的苏醒到意识的唤醒，接下来，我们共同迈向灵魂的觉醒。

3. 觉醒：身份认同

笛卡尔在《论方法》中提出了"我思，故我在"，他认为，虽然我们可以怀疑一切，但有一件东西我们不可以怀疑，那就是"我在怀疑"这件事情，这为"我思故我在"思想奠定了基础。

中国的残障者们，从来都不怀疑自己的残障身份，面对走不了、看不见、听不到、记不住、想不懂……肉体和心智上的障碍，我们不怀疑。我们所怀疑的本也是所有人都怀疑和思考的"我是谁？从何处来、到何处去"的问题，只是与生俱来的或者中途出现的残障身份，使得我们怀疑和思考这些问题进而对我们的怀疑和思考也产生了怀疑。残障者们"我在"吗？中国的残障者们，从来都是"我"思、"我"怀疑、"我"在，不是"我们"。在过去网络不发达的年代，孤立无援的残障者，被禁锢在家庭和机构，类似"为什么在中国大街上看不到残障人"这样的话延续至今，多少年来戳中了多少人的心。"我"——一名残障者对于"我们"这样的残障社群，或远离，或观望，或若即若离，或怀疑……五味杂陈，找不到群体的归属。中国的残障者们，从来又都以"残疾人"的名义在社会中出现，赵钱孙李周吴郑王……没有名字的"残疾人"上演着相似的奋斗和励志故事，不仅没有"我们"这个社群，连"我"这样的个体都被取而代之，何止是大街上看不到残障人，在哪里都看不到"人"。明明有"我"和"我们"，但一个"残疾人"就全部被代表了。残障者对残障的身份认同，始终都是一个谜，困扰着中国残障领域的发展。

"身份"一词对我们来说，是古老而熟悉的，它有不同的表述。在汉语中也有多种意思：一是指出身和社会地位，二是指身价，三是指姿态、架势。"身份认同"在不同学科研究中的学术用语不同，但是它们的英文用词均是 identity ，"认同""同一性"在心理学研究中比较常见，社会学研究中一般使用"身份认同"一词。而且即使在同一学科中，关于"身份认同"的定义也是五花八门。身份是个体在某一社会结构中的位置；是一个通过命名来完成的过程，强调重要他者的认可；身份既有个人与生俱来、先天获得的先赋身份也有通过后天努力获得的成就身份。如身份是社会成员在社会中的位置，是公民权利的社会配置与认同；身份是指一种出身或社会位置的标识。可见，身份是多重的，是动态变化的，存在于个体与个体、个体与群体、群体与群体、群体与社会之间的关系中，与一定的权利、义务、认同、行为等相关。

"认同"是心理学与社会学中很流行的术语，认同包含对"我是谁"的认知，也包含对本群体与外群体的认知，即与本群体一致性的认知，与外群体之间区别性的认知。认同需要建构，是人们在有压力的状况之下，或者有一些诱导发生，或者是在自己自由的选择下，来确定自己的认同的。不能将认同简单地等同于形态灌输，或者是当作角色安排。一个人或者一个群体在认同方面，都有比较强的自我能动性和建构的权力。认同是在表达与他人相似或相异的归属感和行为模式。认同也是一个不断变化发展的动态过程，它不仅是个体在社会化过程中的主观心理活动，更是一种建构性的社会实在。认同是在社会关系中形成的，是个体与群体、个体与社会、群体与群体、群体与社会之间关系的反映。

对于身份认同，哲学、文学、社会学、心理学领域都有深入的研究。理论的构建离不开自我理论和认同理论的支撑，由于各个学科研究出发点不同，对于身份认同的研究侧重点也有所不同。在社会学领域，研究者们更多关注社会政治、社会文化对特殊群体身份认同的影响，比较宏观。而心理学视角更多的是关注该特殊群体的社会认知、社会适应性、归属感等更多心理层面的问题，更为微观。身份认同其基本含义，是指个人与特定社会文化的认同。在广泛的意义上，身份认同是某一文化主体在强势与弱势文化之间进行的集体身份选择，由此产生了强烈的思想震荡。是个体对自我身份及其所属群体的认知和确认，并伴随着对相应的情感体验和行为模式进行整合的过程。身份认同具有以下三个特征：第一，是对个人和群体的认知，伴随着情绪情感和归因判断；第二，身份认同会影响我们的心理和外显行为；第三，具有时间情境性，可随着时间情境变化。不同的时间和社会情境可能会产生不同的身份认同。

2008 年之后，《公约》唤醒了中国残障社群的权利意识，单一、分散、孤立的残障者，开始自觉或不自觉地去寻求群体归属和身份认同，在科技的推动下，寻求新的社会支持和依靠，人生而不能无群，原子化的个体，逐渐开始聚合成共同体。《公约》又为这种联结和聚合提供了理论基础。

一方面，《公约》确认了残障者的个人自主和自立，确认了残障者的多样性，还确认必须促进和保护所有残疾人的人权。残障者的个体与个体、个体与群体之间既有区别，又有联系。另一方面，《公约》确认残疾是一个演变中的概念，认为"残疾是伤残者和阻碍他们在与其他人平等的基础上充分和切实地参与社会的各种态度和环境障碍相互作用所产生的结果"。《公约》同时确认因残疾而歧视任何人是对人的固有尊严和价值的侵犯，关注因种族、肤色、性别、语言、宗教、政治或其他见解、民族本源、族裔、土著身份或社会出身、财产、出生、年龄或其他身份而受到多重或加重形式歧视的残疾人所面临的困难处境。明确了群体与群体、群体与社会之间的关系。

德国哲学家思贝尔斯曾说，"真正的教育是用一棵树去摇动另一棵树，用一朵云去推动另一朵云，用一个灵魂去唤醒另一个灵魂"。《公约》化解开了残障者对残障身份的回避和封锁，消除了残障者本无法躲藏的残障之躯所带来的耻辱和不堪，我们讲自己的生命故事，我们用戏剧、视频、图片等各种形式发出声音。于是每一个隐蔽在角落里的残障者，被这样的声音所震动，露出头，东张西望后鼓起勇气，大胆地站在世人面前，暴露自己的残障身体。一个个"我"，有名有姓的"我"，开始联结成为一群群的"我们"。灵魂的觉醒，是对虚假表相的看穿、揭穿，是过去禁锢自己的所有假象的土崩瓦解，是对过去我们信以为真的一切彻底消除。这些或许并没有使我们变得更好或者更幸福，但没关系，这已经使我们看清楚自己，自己所在的社群，有了清晰的头脑和一颗了解自己的心。《公约》十年，是中国残障者们身份认同觉醒的十年，接下来，是时候我们共同开始行动了。

4. 变革：社群行动

行动，对于中国的残障者们而言，从来都不缺少，不管是信息闭塞，大家的交流仅靠书信，还是在同一座城市，大家走不出家门，无法面对面讨论身体上的障碍，都没有成为行动上的障碍——行动，唯有行动。

个体抗争和集体抗争，是社会福利保障极度匮乏，生命权、生存权受到严重侵害的年代里残障社群的主要行动。从个人到某一类残障社群，从日常经常性的抗争，以身抗争，到有组织的集体静坐、集体伏地、写联名信等集体抗争，从合法的抗争到依法抗争，以法抗争。这些行动里，混杂着不理性与理性、极端化与合法化，个人诉求与群体利益。1981 年是联合国国际残疾人年，那一年，中国残障社群的第一个草根组织——"北京病残青年俱乐部"由 6 名残障青年发起成立，自我组织、自立互助、自发学习、自我倡导的精神像一枚火种，形成燎原之势，被 13 个省市的残障青年争相效仿，民间残障社群的行动吹响了集结号。

维权行动和群体性事件，是民间残障社群的热情和勇气被激发出来之后的行动。与个体抗争和集体抗争的行动维度不同，维权行动的前提，是具有相应的权利意识以及行动中有明确的维权目标。美国哲学家、社会学家舒茨认为，行动，是自我意识的个体行动者根据一个预先设计的方案所进行的，趋向未来某一目标的人类行为。它来源于个体的意识经验，最突出的特征是计划性与目的性。然而，这些行动在现实中，部分演变成为中国情境里的群体性事件，主要特征包括：人数的群体性、诉求的目的性、行为的模糊性、社会的妨害性等。维权行动具备一定的人数，社群与管理部门之间或引发冲突与纠纷，或劝退后获得赔偿，这些事件都具有一定的目的性，不是没有任何权利意识、单纯个人私利上的争取。但残障社群与其他领域的群体性事件不同，其行为是否违法更为模糊，虽然大多对社会不具备危害性，但少部分对社会秩序和生活会产生妨碍。

首先，群体表达的利益诉求，几乎都指向基本的社会保障。其次，有节制的和逾越界限的表达行动，往往具有因果过程，针对残障社群的社会保障长期空白，残障社群的物理行动力也决定了不到万不得已，社群不会逾越边界。即使为了达到某种目的，在公共场所聚集一定数量的人，也属于非常极端个别的做法，是被逼无奈，虽然不会危害其他人，但的确是妨害到部分社会秩序。1988 年中国残联成立，邓朴方主席提出"人道主义的呼唤"，代表、服务和管理残障社群，有了官方组织，残障者的生存权得到政府部门的重视。从无到有、从少到多，基础性的社会保障政策纷纷出台，维权行动也有了以中国残联为代表的针对政府部门、政府间的各类行动，民间的维权行动和群体性事件依然存在，但活跃度明显下降。2008 年 3 月 28 日，党中央、国务院出台《中共中央、国务院关于促进残疾人事业发展的意见》（中发〔2008〕7 号），该意见可以视为中国残障者们维权行动的里程碑，预示着残障权益在民间和官方共同的推动下，获得了中国社会语境下的最高认可。而在此之后，同年 6 月 26 日，全国人民代表大会常务委员会批准《公约》，8 月 31 日《公约》对中国正式生效。

《公约》生效前中国残障者们的社群行动，填补了中国弱势群体权益保障的空白，推动了中国残障权益保障的进步，但同时也暴露出以"利益至上、理念空白"为核心的突出问题。

马克思曾说"人们奋斗所争取的一切，都是同他们的利益有关"[1]。利益是人们行动的起点。中国的残障者们，与中国老百姓一样，身处复杂社会关系中，中国的残障者们争取权利的运动从来都不缺少抗争，抗争中从来都不缺少行动，并且行动从来都是基于利益。这里的利益，定义为私人利益。固然，自由、平等、公正、正义的目标，始终是残障社群行动的追求，但"这是我们的权利"同样也是耳熟能详的口号，挂在每一位残障者嘴边。对于权利的敏感度和向往，没有哪个群体可比残障社群。从改革开放前，大家都差不多的境况，到改革开放后，快速的社会变迁带来的经济、文化、社会等系统的压力，与非残障社群相比，残障者的生活状况严重而广泛地失衡，社会结构的张力逼近临界点。残障者的利益（资源、权利、地位……）被减损，甚至连利益博弈的资格都没有。简言之，这个阶段，残障社群行动就是基于各种利益表达的集体行动。

个体和群体的行动者们，在争取利益的过程中，基于社会对残障的态度，不自觉地就会采取"求""缠""闹""坐""堵""围"等一系列手段，各级政府部门的行政执法起初也抵挡不住，半推半就地与残障者达到平衡。即便有行为不妥处，在残障积极分子的"英雄"牌，残障个体的"眼泪"牌，群体的"情感"牌等众多"弱者武器"之下，道义成为飘荡在执法部门头上的春风，让具体办事人员手下留情。

---

1 《马克思恩格斯全集》第 1 卷，人民出版社，1956，第 82 页。

以达成利益诉求为明确目的的残障社群行动，久而久之，使得原本对残障者的偏见和歧视，成为对残障这一群体整体的歧视。公众的残障意识，将某一个或一些人的特征夸大成为整个群体的特征，又进而认为这一群体中每个个体都具有这种群体特征，并以此为依据对该群体中的个体进行不公平地区别对待。群体特征较之于个人特点往往更具有明显性和普遍性，是直观上容易被观察到的，因而成为推断个人是否合格的重要依据。于是，如此循环往复，残障个体因为被预先认定有整个残障社群的特征而被歧视，导致对整个残障社群出现了区别对待。实现了利益，享受了恩赐，却丢了尊严。利益是个人的，而歧视是全体的，这是"利益至上、理念空白"的问题所在。

2008 年《公约》签署时，时任联合国人权事务高级专员的路易斯·阿尔布尔说道："现存的人权体系旨在促进、保护残疾人权益，但是现有的标准和机构都不能给各类残疾人提供充分的保护。到了联合国纠正这一错误的时间。"这一年，也是中国残障权利运动纠偏和纠错的开始。

回顾《公约》生效十年期间的社群行动，较之以往，用"变革"来定义一点都不为过。

变革一，行动理念的统一。《公约》的精神和原则，以及具体条款中的所描述的残障者普遍存在的某一个生活场景，都为每一位接触学习、理解和践行运用《公约》的人找到一致的话语体系和理念框架，即便是以往个人的利益，在《公约》中也有明确。这就解决了《公约》生效前理念空白造成的行动私益和盲目，由非理性的权利诉求转为更理性的"价值主导型"。

变革二，行动纲领的多元。过去残障者对于权利的理解，多倾向于权利的利益说，重眼前轻长远，重个人轻社群，重私益轻公益。《公约》既有基本人权，又包括具体权利的描述，使得残障者无论从哪个视角理解"权利"都能找到基准，条款文字的通俗、简约，又会降低阅读和理解的门槛，使得进一步理解"权利"有了可能。

变革三，行动对象的定准。残障社群在与政府各部门的博弈中，受中国文化的影响，始终处于底气不足、多一事不如少一事的状态。《公约》生效，中国作为缔约国，不仅向国际社会，也是向中国残障社群，郑重承诺履约。《公约》也明确缔约国的义务和责任，因而对于残障社群行动的对象，无须犹豫，定向在各级政府部门，因为他们责无旁贷。

变革四，行动主体的明确。在联合国网站上介绍"公约填补人权保护空白"一文中写道："在社会对残疾人的态度方面，公约标志着一个重大的转变，那就是每个人都应该有权利做自己生活的关键决策者。公约使残疾人成为'权利持有者'和'法律主体'，对于影响他们的计划与政策，拥有全面参与制定和实施的权利。"恩赐的权利，变成本来的拥有，权利主体终于回归到残障者本人，使得中国的残障者们再去争取权利，变得理直气壮。而那个一直使用的助残的"助"字牢牢地钉在了历史的城墙上。

变革五，行动方法的借鉴。中国民间社会的动员和运动，以消费者维权运动、环保运动、妇女权利运动、艾滋病感染者权利运动以及性少数权利运动为主，残障社群作为公认的弱势群体，始终处于运动之外。《公约》生效后，在《消除对妇女一切形式歧视公约》和《儿童权利公约》的工作方法和经验积累的基础上，残障权利运动终于可以"搭便车"，成为弱势群体权利运动中的一员。使得社群行动的开展减少了试错和尝试的代价，短时间内找到行动模式和工作方法。

变革六，行动中心的出现。从维权带头人到 1981 年北京病残青年俱乐部的出现，再到 1988 年中国残联官方组织的成立，民间残障权利运动多以个人英雄式的发展为主，而残障人组成组织，形成法律意义上的法人机构的组织化发展始终处于停滞状态，这一情况也受制于中国社会对第三部门发展的立场和态度。即便出现一些残障人组成的互助机构，他们对权利议题或若即若离，或沿用传统的工作模式。《公约》生效后，尤其是2018 年联合国出台《第 7 号一般性意见》，对"残疾人组织"又进一步明确，残障权益保障机构（英文简称 DPO）这一组织形态在中国得以明确和保障。以一加一为代表的中国本土 DPO，在没有其他国家和地区残障权益保护的经验可参考的情况下，艰难地走出了一条具有中国特色的道路。同时，在 DPO 的带动下，众多残障者自组织以各种法律形式，或以网络媒介为平台，或以某一项或某几项具体权利为议题，更深入地植根于残障社群展开行动。由此形成了时而去中心化、时而中心化的社群结构和行动策略。

变革七，行动价值的转向。过去以物质利益为中心的社群行动，在获得基本生活保障之后，残障者的价值体现、社会认同，以及阶层地位，并没有因此得到太多的改变和改善。相反，残障者经济基础的增幅，在改革开放之后飞速发展的社会进程中，远远落后于非残障者。习近平主席高瞻远瞩地提出"全面小康一个都不能少"，这为残障者社会福利的保障明确了目标。《公约》生效后，残障者的经济、社会、文化、政治权利全部得到承认和尊重，残障者的独立人格尊严不受侵犯，使得残障社群的行动超越了物质利益中心，转向全面的人的发展，残障者在"什么样的生活是值得追求的"的优良生活观问题上的自我决定、自我选择和自由行动的权利得到重视。

变革，不是改革，不是内部的自我优化和改进，而是来自外部，从根本上打破和推翻。历数《公约》生效十年间民间残障社群的行动事件，足以证明以上的七大变革。

2012 年 4 月 11 日，中国本土 DPO 一加一残障人公益集团，正式向联合国残疾人权利委员会递交《残疾人权利公约》中国实施情况一加一报告，这是中国残障领域首份独立的、非官方的民间 DPO 组织的影子报告。

2012 年 6 月 6 日，在当年报考安徽省公务员考试时因视力不合格资格审查未通过被拒，以及不服行政复议，安徽盲人宣海向合肥庐阳区法院递交诉状，以行政不作为为由将安徽省人力资源社会保障厅告上法庭，该案被称为全国公务员招考残疾歧视第一案。

2013 年 12 月 14 日，中国本土 DPO 一加一残障人公益集团，联合中国社会科学院新闻与传播研究所共同发布《2013 年中国十大残障权利事件》，这是国内首次以权利的视角对本年度新闻事件的评选。之后每年连续评选。

2014 年 6 月 7 日，视障者李金生使用盲文试卷参加了普通高考。由此，他也成为新中国历史上第一个用盲文参加普通高考的视障者。2014 年也被称为中国盲人高考元年。

2016 年 6 月，中国本土 DPO 一加一残障人公益集团，出版《中国残障观察报告 2014-2015》。这是中国本土 DPO 参与并监测 CRPD 在中国的实践与推进的专业工作的重要标志。之后，每年出版"年度中国残障观察报告"，主编解岩。

2014 年 11 月 1 日，由一加一联合蜗牛网（心智障碍者自主生活平台）、融爱融乐心智障碍者家庭支持中心、长沙市唐氏综合征家长互助会、辽宁省心智障碍者家长互助会等机构，共同发起中国残障发声月。每年的 11 月，组织、引导残障人机构及助残机构在全国各地发出残障者独立的声音。

2015 年 11 月 3 日开始，全国 30 个省份的 30 位听障人士以"一天一人一信"的方式连续 30 天向教育部和中残联提出申请，希望两个部门公开对聋人参加教师资格考试免除普通话考试、将口语面试改为手语面试以及通过体检等合理便利予以支持。2016 年两会期间，有答复透露，教育部拟授权四川省开展听力残障者参加中小学教师资格考试试点，四川省开始积极筹备试点工作。

2015 年 11 月 17 日，两位轮椅人士乘机被以"残疾人不能自理且没有陪同的，不允许上飞机"为由拒载。在多次致电吉祥航空沟通无果后，二人向上海浦东新区人民法院提起民事诉讼，要求被告吉祥航空赔偿因拒载而给原告造成的经济损失与精神损失，在其官网、微博与微信上公开赔礼道歉，并改善公司内部承运规程，确保违法拒载残障旅客的事件不再发生。这是中国民航局《残疾人航空运输管理办法》修订以来首起轮椅旅客拒载案，也是国内首次由盲人代理律师参与庭审的案件，还是国内本土 DPO 一加一支持协助残障律师第一案。2016 年 9 月 20 日达成调解协议，由吉祥航空向两位残障旅客当庭赔礼道歉，并支付经济补偿。法院据此制作调解书，并向航空公司及民航局发出司法建议，要求其切实保障残障人平等出行的权利。

2015 年底，因体检不合格无法入户深圳的视障人肖光庭，多次向深圳人社局反映情况，寻求媒体报道帮助，通过深圳人大代表向深圳市人大提交提案，但均没有作用。后又起诉深圳市人社局及深圳市卫计委，被法院认定为不符合立案条件，予以驳回。2016 年 8 月，肖光庭再次起诉，法院立案，至今尚未开庭。肖光庭同时向深圳市人社局及深圳市卫计委申请对体检标准进行合法性审查，因对两部门的答复不满意向广东省政府法制办、人社厅、卫计委申请行政复议，因广东省政府法制办不受理其复议申请而起诉广东省政府。

2017 年 3 月初，"两会"期间，全国心智障碍者家长组织联盟起草的《关于提升全纳教育的专业能力及建设支持体系的建议案》得到 8 名全国人大代表、2 名全国政协委员的支持并上交提案议案，开创了心智障碍者家长组织通过国家最高决策机关进行政策倡导的先河。

2017 年 8 月，徐为结束了长达 14 年多的失去自由的精神病院生活，自主出院。此前徐为已在上海青春精神病康复院住了 15 年。从 2012 年开始，自我感觉"病情没有反复"的徐为，开始尝试出院，没想到却屡屡受阻。2013 年 5 月 6 日，徐为以"侵犯人身自由"为名起诉自己的监护人和青春康复院，并要求出院。这是我国《精神卫生法》正式施行后，依据该法起诉到法院的首起案件，被称为"精神卫生法第一案"。但徐为一审二审皆败诉，再审申请也被驳回。2017 年《民法总则》实施后，徐为依据"限制民事行为能力的人可以申请宣告完全民事行为能力"之规定，提起诉讼，最终被认定为完全民事行为能力人。

2018 年 6 月 14 日，位于纽约的联合国总部举行《公约》第十一次缔约国会议上，马志莹博士（肢体障碍）作为中国 DPO 一加一的代表，在 14 日下午闭幕式的互动对话中，以民间社会代表身份发言。

这是中国民间残障领域的 DPO 第一次在联合国和缔约国会议上发言。[1]

美国传播学研究的鼻祖，查尔斯·霍顿·库利在《社会过程》一书中曾饱含激情地写道："人类精神不能在任何一条隔离的窄道上走得太远：那儿必须有人类群体，必须有崭新的刺激，必须有同类人的激情和交流。"[2]《公约》仅仅十年，中国残障者们的精神火焰彼此碰撞，相互汲取成长所必需的养分，一个人变成一群人，一个人的行动变成一群人的行动，面对《公约》引发的老问题新刺激，在行动中一步一步实现能力和人格的成长。与此同时，公众意识借助残障终获启蒙。

5. 启蒙：公众意识

"认识你自己"（To know yourself）是德尔斐神庙上的箴言之一。德国哲学家伽达默尔曾经说过："如果某个东西不仅被经历过，而且它的存在还获得了一种使自身继续存在意义的特征，那么这个东西就属于体验。"[3]实现"认识你自己"，首先要弄清楚，是"谁"去认识自己，这其中当然包括"我"和他人。而基于残障专业去认识的他人还包括以残障研究者为主的利益相关者，以及普通公众。正是这些人的认识，共同塑造和建构出一种社会现象、一类群体和某一个人的形象和定义。

残障者在残障者自己的认识里。中国的残障者们从来都不缺少形象。有形的形象，表现为肉身的残疾，即肉体的一种极端表象状态，而心智的

---

1 资料来源：一加一残障公益集团网站，www.yijiayi.org；《中国残障人观察报告 2014-2015》，中国言实出版社，2016，第 20 页。

2 查尔斯·霍顿·库利：《社会过程》，洪小良等译，华夏出版社，2001，第 13 页。

3 伽达默尔：《真理与方法—哲学诠释学的基本特征》，上海译文出版社，1999，第 78 页。

障碍是人肉体的一种极端内在状态。无形的形象，综合起来是"我"的报应、惩罚和轮回，是废物、低能和可怜，是自卑、屈辱和怨恨，是抗争、自强和励志，是天赋、差异和代价……

残障者在以残障研究者为主的利益相关者的认识里，他们也从来都不缺少形象。有形的形象，是残障者作为研究对象，采用理论框架的演进方式而研究。残障是残障者个人问题的"个人归因"的认识一直占据主流，影响至今，主要模式包括"道德模式"。认为残障是对人的不道德行为或恶行的惩罚，是"现世报"，是因果和宿命，只能由其自身去承受这种不幸的后果。"社会达尔文主义者模式"认为，残障人是人类进化的劣质产品，为了实现社会的进步，就要优胜劣汰。正如动物为了种群的繁衍会遗弃具有残疾的同类，任其自生自灭一样，人类社会也应如此。"优生学模式"是"个人归因"的极端模式，是对残障者的肉体彻底消灭，二战时期德国纳粹分子就积极鼓吹和采用过这个认识模式，尤其是对心智障碍者的屠杀更是令人发指。"医学模式"认为，残障人是"不正常"的人，是丧失了独立和有效地完成他人所能完成的活动所需某些重要功能的人，不符合人类所谓统一的"标准"或"常模"，由此，将残障者与非残障者的"正常人"加以区分，并依据"权威性医学标准"加以修补，修补不成功的送进福利机构进行单独管理，国家法律和政策视其为福利保障和社会救助的对象。"个人归因"的认识模式长期在人类历史上占据主导地位。

20 世纪开始出现残障的"社会认识"。主要模式如下。"压迫性模型"认为，残障者被视为有差异，和"另类"的人以及那些被社会排斥的人均是受压迫者，同女性、同性恋者等少数社群一样是受到主流社会排斥的"异类"，是遭受政治和法律歧视的人群。在心理、社会和经济等方面的压迫给残障者个体造成不同程度的伤害，从而阻碍残障者的发展，残障者的内心也会由此滋生怨恨和依赖，导致公众关于残障者异于自己和残障者对他人过于依赖等看法，为他们对残障者的消极反应或过于保护提供了支持，这都会造成对残障者的贬抑。"社会建构模型"认为，残障完全是社会从个体的偏见到制度性的歧视强加给残障者的，是非残障者建构的外在环境而不是残障者自己本身。如果社会能够尽量消除这些外部的障碍，残障者就能获得最大限度的权利实现和自我实现。在此基础上还发展出"多元文化模型"，强调尊重残障者的差异和具有的独特文化，以及把女性的地位和残障者的地位结合在一起的"女权主义者模型"等。

综上所述，残障者在以残障研究者为主的利益相关者的认识里的形象，正是基于上述的认识模式，演变为以残障研究者为主的利益相关者在其所在领域、行业、机构，甚至是家庭、社交圈的形象，是受残障影响的无形的形象。在学术界，是学术的边缘学科，是学术研究者的边缘人士；在政府里，是政府机关的边缘部门；在教育界，是隔离式的教育，是特殊学校；在文艺界、体育界……但凡与残障沾边的领域，一切有形的专业能力自动降为低能的、无奈的，抑或提升为大公无私、道德模范的无形形象。

残障者在公众的认识里，特别是中国的残障者从来都不缺少形象。有形的形象，即残障者和我们不一样，但他们是生命的强者，他们都受神的眷顾，都有神技去演绎生命哲学。而我们每个人都会有残障的经历，我们每个人老了都会是残障者。如何对待残障是国家、社会文明程度的体现，关爱和尊重残障人、帮助残障者是我们义不容辞的，更是残障人的权利。无形的形象，残障者是懒惰、低能和靠救助、施舍过活的，是贫穷、丑陋、邪恶，甚至会传染的，是白痴、废物和天才，是麻烦、苦难和霉运……

有形和无形是一种隐喻，是事实和构建，是感性和理性，是直接歧视和间接歧视，是残障者、以残障研究者为主的利益相关者和公众都无法回避的问题。古希腊时期，普罗塔哥拉提出的"人是万物的尺度，是存在的事物存在的尺度，也是不存在的事物不存在的尺度"（柏拉图，《泰阿泰德篇》，152a）这一论断，是人类中心主义的最初萌芽，而在人类内部，依不同的歧视对象也有不同的中心，如性别领域的"男性中心论"，种族领域的"白人中心论""白人至上主义"。在残障领域，也有人提出"健全人中心论"。那么我们该怎么看待"残障"？史铁生在《我与地坛》一书中曾写道："我常梦想着在人间彻底消灭残疾，但可以相信，那时将由患病者代替残疾人去承担同样的苦难。如果能够把疾病也全数消灭，那么这份苦难又将由（比如说）相貌丑陋的人去承担了。就算我们连丑陋，连愚昧和卑鄙和一切我们所不喜欢的事物和行为，也都可以统统消灭掉，所有的人都一样健康、漂亮、聪慧、高尚，结果会怎样呢？怕是人间的剧目就会要收场了，一个失去差别的世界将是一潭死水了，是一块没有感觉也没有肥力的沙漠。"[1] 残障这一议题，对于全体公众（包括残障者、以残障研究者为主的利益相关者）而言，一直是感性远远大于理性的。

在"认识你自己"这句箴言的指引下，西方哲学中苏格拉底把理性看作人的内在的一种能力，柏拉图更是将人定义为理性的动物。康德在他的《什么是启蒙》一文中为启蒙运动找到了核心工具——理性，康德开门见山地说："启蒙就是人从他咎由自取的受监护状态走出。"理性，在西方哲学发展中获得了至高无上的地位，并在启蒙运动的推动下一路高歌。但是，残障者被认定为"不理性的人"，这似乎也解释了残障议题为什么只能靠感性、感动去影响。

然而，尼采却说认识自我是一件根本不可能的事情。他在《不合时宜

---

1 史铁生：《我与地坛》，人民文学出版社，2010，第16页。

的沉思》一书中写道"人是一件隐晦的和遮遮掩掩的事物；如果兔子有七层皮，人就能够脱下七七四十九张皮，而且还不能说：'这确实就是你了，这不再是外壳了'"。在《人性的，太人性的》一书中他又说："从来没有人做过任何完全为了他人而没有任何个人动机的事情，那么人们又怎么能够做同自己无关的事情，也就是说，没有内在强制的事情呢？没有自我的自我如何行事呢？""我思故我在"应该是"我生故我思"，"我"等于"生命"，"生"包含生命和生活，"思"只是"我"的能力之一，不是全部。"我"首先是有生命的，"我"处于生活之流中，我与生活的关系也不是决定与被决定的，在生活本有的残酷竞争中——这是最真实的情景，生命必须不断增长，获得权力，保存发展自己。

由此，启蒙，不单纯是理性或感性，启蒙的哲学本质是作为理性与自由的精神品质，是作为反省与超越的生活态度，是作为确证"人"的本质的实践。启蒙要在"观念"与"实践"两个层面达成目的。其一，就观念目的上，明确知识、理性和真理之于"启蒙"的合法性及其基础地位；其二，在实践目的上，明确"启蒙"对于个体及社会的解放意义，这种意义本身是在对自由、民主、人性的实践中生成的。而"启蒙"的意义就在于"人"的发现和存在。

《公约》生效后，中国乃至全世界各国的残障事业，也宣告进入基于残障的公众意识启蒙时代。在这次"观念"与"实践"的历程中，中国残障领域历经十年，在公众意识上带来三大调适。"凡事勿过度"（Golden mean），是德尔斐神庙上的箴言之一。纠偏，不是对过去"观念"与"实践"的全盘否定和修修补补，是在过去"观念"与"实践"基础上的调整以适应残障者的需要和发展趋势，这种调适正是启蒙时代的重要特征。

　　第一，残障的认识模式。已有的残障"个人模式"强调个人、放大差异、忽略社会，而"社会模式"强调社会、偏重群体、忽略差异，两种模式甚至是对立的，都缺少个体、群体和社会三个维度上的立体化保障。《公约》吸收了过去残障认知模式的优点，给出了"人权模式"这一高标准、低底线的模式，一切的出发点都以残障者之为"人"为根本，这点与过去以残障者为本或者以人为本的理念是不同的，《公约》序言和第1-5条对此做出明确规定。简言之，残障议题是一个人权问题，要理性和感性共融。

　　第二，残障权利的话语体系。"残障权利"一词，并不是在《公约》之后才有，是《公约》将残障权利的内涵在权利理论的基础上进行了明确。尤其是残障权利应以残障者的主张或偏好为出发点，是一种法律权利，不仅仅是道德权利，这与中国在残障议题上的人道主义主张是不同的。邓朴方主席在2008年第17期《求是》杂志撰文《共圆心中的同一个梦想》，明确指出：（1）基本的态度应该是尊重残疾人；（2）要承认残疾人的价值和能力；（3）要了解和走近残疾人；（4）要关爱和帮助残疾人。国内的学者们也从不同的理论和立场、基于不同的理由对残障权利话语提出了反对的声音。总结起来大致包括以下几点：（1）残障者缺乏行使权利所需的理性能力；（2）权利话语将削弱中国家庭伦理的情感纽带；（3）残障权利话语不利于社会团结，是制造对立，引发社会秩序和伦理的混乱；（4）残障权利话语会减缓社会经济的发展。

　　权利是现代社会中弱势群体的话语，权利话语之所以重要，因为拥有权利的人可以做出决策与选择。在康德看来，人并非其他目的的手段，人本身才是目的。每个人都有能力就生活里什么是好的做出自己的决定，社会必须对每个人做出决定的能力表示尊重，并且为个人运用道德能力提供一种结构或框架。美国哲学家、法学家德沃金在《至上的美德：平等的理论与实践》一书中提出，受到平等对待是每个公民不可剥夺的基本权利，一个合法的政府必须让其国家的公民过上更好的生活，对每一个公民表现出平等的关切，这种平等的关切是正义社会至上的美德。这些反对声音的出现，充分证明残障议题的讨论，从道德进入权利层面。残障权利话语体系是启蒙时代的"观念"与"实践"的基础。

第三，所有人的独立思考。残障，这一社会公认的弱势群体，是继妇女权利和儿童权利之后，又一次给所有人提出"弱势者是保护还是权利实现"的问题，更进一步引发我们面对"弱"的人性思考。虽然《公约》生效后，这种思考尚未如妇女、儿童领域那般热烈，也没有接下来的思考结果和转化，但包括残障者在内的全体公众，从未像今天这样，将平等视作如阳光、空气和水一般，是每个人生活中不可或缺的基本条件。基于残障的独立思考，是从感性和理性混沌的状态迈向启蒙的第一步。

这种独立思考对于人类，是对平等和公平正义所具有的一种本能诉求，也是人类文明进步的原动力。基于残障的意识启蒙，将促使公众与其他弱势群体一道，在人与人之间、人与社会环境的相互之间以及不同群体之间的关系建构中，使得共识与分歧、平等与自由、公平与福利、差异与尊严，达到微妙的平衡与制衡，维持社会整体架构的稳定、和谐和高效。这种独立思考对于个人，正如德尔斐神庙上箴言里的一句："我是独特的"（I'm unique），这里的"我"，是包括残障者在内的所有人。

《公约》生效十年，调适也逐渐开始。狄尔泰在《历史中的意义》中说，"与生命有关的经验是一条活生生的溪流"。那么，每一位在溪流中调适的人，过程无论温和、激烈甚至颠覆，结果无论接受、妥协还是否定，都会如同溪流中那一块块形状各异的石头，任由涓涓溪流干扰和外在风雨困扰，逐渐清晰和光滑，呈现出本来的模样。

6. 困扰：国内履约

"英雄的出现有必然性，但谁成为英雄有其偶然性。"马克思主义哲学对历史人物出现的必然性和偶然性的论断，在中国残障领域也得到体现。顺应历史发展趋势的中国残障事业，出现具有特殊身份的邓朴方主席，使得中国残障事业无论国内建设还是国际交流与合作空前繁荣。1981 年，不仅是联合国"国际残疾人年"，也是我国酝酿修订宪法的年份，我国在修宪时专门规定了关于残疾人（沿用）的内容。这就是 1982 年宪法第 45 条第 3 款，即"国家和社会帮助安排盲、聋、哑和其他有残疾的公民的劳动、生活和教育"。虽然没有全面确认残疾人的平等权利，而且缺乏具体的国家义务规定，但仍然是世界上很早规定有关残障人内容的宪法之一，充分体现了我国对于国际残障权利运动的关注和吸收。之后 1990 年《中华人民共和国残疾人保障法》（以下简称《残疾人保障法》）出台实施，这是《公约》出台前，中国残障事业立法保障上的第一个高峰期。

行政保障的第一个高峰期也出现在《公约》出台前的 20 世纪 90 年代。以《宪法》和《残疾人保障法》为基础，国务院及其相关部门相继颁布了一系列行政法规、规章制度。1988 年国务院制定了《中国残疾人事业五年工作纲要（1988-1992）》，残障事业纳入国家的五年计划之中。1991 年制定了《中国残疾人事业"八五"计划纲要（1990-1995）》，1996 年制定了《中国残疾人事业"九五"计划纲要（1996-2000）》，以及 1994 年的《残疾人教育条例》。同期，1993 年，国务院正式成立了残疾人工作协调委员会，并于 2006 年 4 月正式更名为国务院残疾人工作委员会。国家残疾人工作机构（不能认为是国家残障人权机构）是由多部门组成的中国残联协调和议事机构，并要求县级以上地方各级政府都要成立相应机构，以加强对基层残障工作的领导与协调。从而形成了从中央到地方的残障工作机构体系，各单位成员之间分工负责，相互协调，共同促进残障事业的发展。

作为权利保障最后一条防线的司法救济，类似司法救助的概念，第一次特别考虑"残疾人"是在 2000 年最高人民法院发布的《关于对经济确有困难的当事人予以司法救助的规定》第 3 条，即"没有固定生活来源的残疾人"有权向人民法院申请司法救助。2003 年国务院颁布的《法律援助条例》规定，法律援助的对象主要是经济贫困的人，并没有明确列出残障者，只是理解和解释上认为残障者属于贫困人群。

中国残障事业与国际社会的沟通与交流也逐渐增多。这里根据联合国文书、邓朴方主席《人道主义的呼唤》、当时的媒体报道以及历史人物的回忆和研究作如下整理。2000 年 3 月，中国政府邀请国际残障人组织在北京召开会议，发布《新世纪残疾人权利北京宣言》；2001 年，联合国正式决定制定《公约》、2002 年残疾人国际第六届世界大会、2002 年康复国际大阪论坛、2003 年联合国人权奖颁奖典礼等，《公约》从提议到制定完成，是中国唯一全程参与的一个人权公约。中国政府一直是《公约》积极的倡导者和支持者，足见我国对《公约》和残障权利保障的重视。

2008 年 4 月 24 日第十一届全国人民代表大会常务委员会第二次会议通过了修订后的《残疾人保障法》。紧接着同年 6 月 26 日，全国人大常委会正式批准《残疾人权利公约》，并于 8 月 1 日向联合国提交批准书。随后，8 月 31 日，《公约》在我国（包括香港特别行政区和澳门特别行政区）正式生效。由此，中国残障事业的立法和行政保障进入第二个高峰期，也是井喷式爆发。"履约"一词第一次应用在基于残障的国际人权条约上，意味着中国作为缔约国，中国的残障事业正式纳入联合国和国际人权保障的机制和监督之中。

当无知之幕越来越薄，甚至被打破，当事物逐渐回归本源，随之而来的是内在的困惑和外在的困扰。张爱玲在《天才梦》的最后写道："生命是一袭华美的袍，爬满了虱子。"即便每个人对这句话的理解不同，但来自外部的围困和搅扰，与来自内部的困顿和疑惑，无疑都成为每个人生命的组成部分。如果把中国残障事业视为一个独立的生命个体，2008 年《公约》的生效，无疑是外部带给中国残障事业的困扰。

首先，国内法和国际法的关系是非常专业和复杂的国际法问题，《公约》与其他国际人权公约一样，在我国的法律体系中始终面临两个问题：第一，法律位阶效力的问题，第二，如何适用或者实施问题。位阶的问题是人权公约经过批准之后在我国法律体系中的定位问题，它关系到不同位阶之间的从属关系以及发生冲突时如何遵守，而适用或实施问题是以位阶关系为前提，也是体现位阶效力的问题。正如国际法学家、中国第一部宪法起草的四位顾问之一周鲠生教授在《国际法》中所言："作为一个实际问题看，国际法和国内法的关系问题，归根到底，是国家如何在国内执行国际法的问题，也就是国家履行依国际法承担义务的问题。国际法，按其性质，约束国家而不直接制约它的机关和人民，尽管国内法违反国际法，法庭仍须执行，但国家因此要负违反国际义务的责任。所以国家既然承认了国际法规范，就有义务使它的国内法符合它依国际法所承担的义务。至于采取什么方式来满足这一要求，则是各国可以自由决定的事。"[1] 这么复杂的问题，在中国的残障者们看来，简单地说就是《公约》能不能用？要是用，怎么用？《公约》生效十年来，目前的回答是不能用。

1　周鲠生：《国际法》，商务印书馆，1976，第 20 页。

其次，既然不能用，问题出在哪里？出在对"人权"的理解上。现代人权理念是伴随着全球"民主化"浪潮席卷而来的。我国从 1991 年第一个人权白皮书《中国的人权状况》发布以来，白皮书中第一部分必然是"人民的生存权和发展权"，2004 年修宪以后，《宪法》第 33 条第 3 款明确规定"国家尊重和保障人权"，赋予人权的中国内涵，消解西方社会对人权话语的把控。中国的人权内涵是建立在马克思关于"人权是一种历史性、阶段性产物"的论断上，即宪法的基本权利与国际社会的人权在立论基础和内容上是有差异的。此外，国际人权公约上的人权是个人主义价值要求的法律体现，即马克思所言的对个人"单子式"的追求，《公约》的条款结构上也佐证了这点，国际人权强调人独立成社会个体的权利，即便现代人权已经扩展到了集体人权，其本质依然包含了个人主义的价值倾向。而传统中国文化，讲求"各居其位、各司其职"，所谓"君君、臣臣、父父、子子"，社会个体和社会共同体融合，基本权利更强调不能脱离义务而存在，不能超越经济基础和社会条件谈权利诉求，基本权利是一种可现实化的、亦可实现的利益追求。

再接下来，既然有不同有问题，那么，如果签了不执行不履约又能怎样？笔者认为，第一，《公约》的批准和生效，这是包括中国在内的国际社会的共识，是对残障者人权保障的宣告和承诺，也从一个侧面说明包括中国在内各国的自信。这种自信，不是各国做得有多好多么尽善尽美，而是未来能够实现残障者权益的自信。如果仅仅理解为各缔约国对本国残障权益保障状况的自信，未免落入狭义的境地，更何况联合国几项核心人权条约，正是各国对人权理解的博弈场。第二，《公约》批准和生效，以及执行又是一场求同存异、相互聆听的辩论场。各国在《公约》制定之初为形成统一的文案就做出了很多妥协和让步。比如，第 12 条"法律能力"（legal capacity）一词的争议，最终通过不同文本的表达方式予以解决。而同样的英文，在《消除对妇女一切形式歧视公约》中被译为"法律行为能力"，这就是推进和改变的成效与进展，各国对人权保障只有更好没有最好。第三，国际人权公约作为国际法，其确立是国家对人权的义务和责任，是国家与个人的关系。遵守国际人权条约不仅需要使其在形式上具有国际法和国内法的效力，更重要的是其能在一国国内得以实际应用，如果一直不予适用国际人权条约，可能会导致我国承担国际法上的国家责任。最主要的责任形式就是遭受世界各国及公众的舆论谴责，这对于中国这一大国来说，显然是不能接受的。当然，就目前在中国已经生效的国际人权条约履约的报告制度，以及联合国残疾人权利委员会第一次审议中国政府履约报告的情况分析，委员会对一些问题的态度和表达方式，多为表示"关注""遗憾"，提出"建议"或者"敦促"，问题是否能就解决，依赖于缔约国。

最后，既然还需要履约，未来做些什么呢？一方面，进一步研究和推进国际人权条约在国内转化的方式和路径。这不仅是《公约》面临的问题，其他国际人权条约亦同，需要彼此共同推进。另一方面，残障权利的国内保障机制、立法、行政、司法救济和国家人权机构等四种机制，地位和作用不同，但目标一致。首先，立法是根基，没有《宪法》和法律的确认，就没有下一步的进程。其次，行政保障是主干，这是中国的现状和特色，也是行政机构按照《宪法》和法律的规定去执行法律，将残障权利从宣告和纸面上的权利，转变为残障者所实际享有的权利，更是《公约》缔约国履约的义务和责任。再次，司法救济是养分，正如古老的法律谚语"无救济就无权利"，充分说明，无论是什么样的权利，司法救济都是最后的救济手段。《公约》第13条也专门规定了残障者"获得司法保护"的一般权利。残障者权利能够获得公平和有效的司法保护，是缔约国履约的义务和责任体现的关键点。最后，国家人权机构是守护人，就好像有了根基后，破土成树，长成大树，更需要守护人。守护人是司法机制的一种补充手段，是国家层面的责任人，是国家尊重和保障人权的象征，具有极大的政治、道德地位和正当性。罗尔斯在《正义论》一书中说道："正义是社会制度的首要价值，正像真理是思想体系的首要价值一样。一种理论，无论它多么精致和简洁，只要它不真实，就必须加以拒绝或修正；同样，某些法律和制度，不管她们如何有效率和有条理，只要它们不正义，就必须加以改造或废除。每个人都拥有一种基于正义的不可侵犯性，这种不可侵犯性即使以社会整体利益之名也不能逾越。"[1]

事实上，即便有上述疑问，在过去《公约》生效的十年间，我们切实感受到中国政府在履约进程中所担当的义务和责任，也看到了《公约》生效后对中国残障者们带来的改变，但这履约的十年，也呈现出高层热、基础冷，残联热、政府冷，民间热、官方冷的履约局面。这些疑问和局面的症结归根结底在于所持价值目标及其实现路径的分歧，是"人权"内涵的理解和残障认识模式选择的分歧，这是《公约》在国内履约的两大困扰。在追求和实现权利的道路上，"自由与平等""公平与效率""差异与尊严"这几组价值目标，落在残障者这一弱势群体上，又增加和补充了诸如"伦理与道德""善与恶""利益与价值"等更多评价目标，该如何考虑和权衡，该如何划定社会正义能够容忍的不平等底线，该如何指导法律、政策的价值基础，该如何走出思想困惑和摆脱行动困扰？这一系列问题，是人类社会面临的共同挑战，是全体缔约国必须用具体实践共同回答的问题。

---

1 罗尔斯：《正义论》，何怀宏等译，中国社会科学出版社，1988，第1页。

7. 结语：不能不说

即将合上《公约》生效后的第一个十年的回忆，回想我与《公约》的缘分。2006 年《公约》批准的年份，创办一加一；2008 年《公约》生效的年份，成为北京残奥会的注册记者；2010 年《公约》中国履约报告第一次提交之际，获悉民间机构可以单独向联合国提交平行报告 / 影子报告；2012 年《公约》的第一份来自本土 DPO 的影子报告完成编制并提交；2012 年《公约》的政府履约报告第一次接受联合国残疾人权利委员会的审议，从问题清单到最终审议，虽无法亲临现场，但通过网络直播全程收看；2014 年《公约》第二次提交政府履约报告暂停，年度《中国残障观察报告》作为主编第一次亮相；2018 年《公约》的缔约国大会，一加一的代表出席发言……

作为亲历者，做此梳理是我的本分，应尽之责，甚至从某种意义上讲也非我莫属。本文的框架和个中思量更是几经权衡才确定。唯恐遗漏《公约》生效后十年间的内容，仔细搜索和斟酌，发现的确少了几颗珍珠或是沙粒，但我承认这是刻意为之，也是将这些内容称为珍珠或沙粒的缘由。未来几时打磨成颗颗璀璨的珍珠，还是混为淤泥中的沙粒，也一并交给未来回答。此刻略做交代容后再叙，更多无法言表的史实暂且留给未来。

关于残障研究

"没有调查，就没有发言权。"残疾人研究、残疾人权利研究、残疾与社会……类似的研究刊物、工作或主张，在中国残障事业的发展进程中从来都不缺少。残障人统计数据、人口状况、福利保障、医疗康复、无障碍、社会工作等研究主题长期占据残障研究的主流。《公约》生效后，2009 年启动并延续至今的"哈佛大学残障发展项目"，以及 2012 年启动的"中国残障人权利多学科研究项目",法学视角的残障权利研究开启了以《公约》为基准的残障研究。更为重要的是,在本土 DPO 一加一的倡导和推动下,"残障研究"而不是"残疾人研究"的提法在国内出现,这不仅仅是少一个"人"字的叫法,也不是"残障权利研究"中的"权利"维度。残障研究的提出是更具开放性的、去道德化的 DPO 主张。开放性不是独立学科对残障者"包容"的研究,是残障议题"拥抱"所有学科,是法学、社会学、人类学、政治学、心理学、经济学、文学……的交融。去道德化不是只有"人"为研究对象,是包括"人"及其社会现象等统统在内,这是《公约》生效后,中国残障事业发展理性回归的结果。已有学者认为"残障研究"是"多学科"、"跨学科"或"交叉学科",甚至是"残障学",但这些研究和讨论寥寥无几,现在的研究其立论和实践基础在国内没有得到更广泛的采纳,甚至没有触及和触动国内已有的"残疾人研究"。究其原因,还是需要回到本文上述五个版块中所涉及的内容。没有以上部分的消化吸收,也就没有关于"残障研究"的讨论基础和空间。当下,每每参加与之相关的学术讨论,都会遇到"鸡同鸭说"的状态。

从 DPO 的角度,我们太需要以《公约》为基准的"残障研究",且不论"残障研究"究竟为何,从国际和国内残障运动发展的历史进程分析,"残障研究"的价值维度,最终都不是仅仅为残障者的研究,这是狭义的"残疾人研究"的理解,基于残障的为全社会、全人类的价值贡献虽得到广泛认同,但都停留在道德认同;"残障研究"的社群维度,最终都不是躲在象牙塔里的学术研究,无论议题的产生还是研究过程及结论,都离不开残障社群的参与和加入,研究者们既是研究者,也是行动者;"残障研究"的理念维度,最终都不是只有道德或单一理念支持的,价值观的多元导致理念基础的多元——直到《公约》批准后,逐渐统一和明确;"残障研究"的学科建设维度，最终都不是由某一个学科独立完成的，甚至也不是以某一个学科为核心的建设，而是参照"性别研究""儿童权利"的研究历程，穿透、破除学科的壁垒，实现多学科和跨学科的建设。"残障研究"受到政府的重视，靠政府的预算支持，更有残障运动和 DPO 的主动为之。以上四点，综合概括为残障研究的"四个脱节"，即价值脱节、社群脱节、理念脱节和学科脱节。

造成这"四个脱节"的原因，从残障专业的角度分析固然有本文论述的内容，但也不容忽视当下人文社会科学研究的现状和趋势，脱离环境去理解"残障研究"的窘境，就会陷入虚无和迷茫。然而，不幸抑或幸运的是，《公约》生效后，"残障研究"的根基还没有扎牢，2015 年联合国可持续发展目标 SDG 就冲了过来。在决议的 17 项全球目标和 169 项相应具体目标里，4、8、10、11 和 17 的 5 项具体目标里均提到残障问题，从文本统计上看，"残障者"或"残障"两个词在 2030 议程中共出现 11 次。获得 1993 年度诺贝尔经济学奖的美国经济学家道格拉斯·C. 诺思提出："制度（至少正规规则）是为了服务于那些具有创造新规则谈判能力的利益集团而创造的。"其"惠及每一个人，不让任何人掉队"的口号和目标，对残障者福兮祸兮？拭目以待。因此，"残障研究"在《公约》生效后的第一个十年里的探讨，时机不成熟，暂且抛出。

关于家长社群

残障者的家长，尤其是心智障碍者家长社群，在过去几年的《中国残障观察报告》中从未缺席，但恰恰在本文中不见了踪影。为什么？《公约》的全称是《残疾人权利公约》，从名称里丝毫没有家长的字样，《公约》的内容同样只字未提"家长"，仅用"家庭""家庭成员""家属""父母"等做表述，并且其部分条款的表述逻辑和隐含之意更有意味。比如：

序言 24，深信家庭是自然和基本的社会组合单元，有权获得社会和国家的保护，残疾人及其家庭成员应获得必要的保护和援助，使家庭能够为残疾人充分和平等地享有其权利作出贡献。

第 8 条 提供认识，提高整个社会，包括家庭，对残疾人的认识，促进对残疾人权利和尊严的尊重；

第 16 条 免于剥削、暴力和凌虐，保护残疾人在家庭内外免遭一切形式的剥削、暴力和凌虐。

既然是残障人权利的《公约》，大部分与家长相关条款的言下之意，是指来自家庭的歧视和侵权，DPO 早已非常明确地意识到这一点。家长在残障权利上扮演的角色，时而是阻挡的大山难以翻越，时而是破门的前锋占得先机。家长们得不到《公约》的启蒙和指引，家长和残障孩子的权利关系，如同《儿童权利公约》的"儿童权利"转变为国内的话语"儿童保护""儿童权利保护"，变成孩子是家长们的依附品甚至是工具，"以爱的名义"，以破坏家庭稳定的名义等一系列现实利益和理由，把"权利"打得稀巴烂。

然而，中国残障事业发展的进程中，家长们从不缺位，只是在不同的阶段重复扮演着上述角色。《公约》生效后的十年间，2014 年 7 月，一批受《公约》感召，对《公约》懵懂的心智障碍者的家长们又一次聚集在一起建立家长组织和联盟，再一次把中国的心智障碍者家长推到《公约》精神下中国残障运动的最前沿。几年下来，家长们抗争动力的减弱，现实利益的诱惑，外部环境的鼓动……《公约》在家长眼里是鸡肋还是信念，越发清晰。如此，一拨拨的家长们，是选择继续轮回，还是跳出三界外，这对残障者的发展，福兮祸兮？拭目以待。"家长社群"在《公约》生效后的第一个十年探讨，时机不成熟，静待补充。

本文最后，还需特别强调，作为一篇《公约》十年的整体性评价，不无遗憾，归纳为以下两点。

第一，选择效果评估。虽然 2018 年这份"《公约》实施情况缔约国第二次和第三次合并定期报告"是中国政府向联合国提交的履约报告，内容上看有别于第一次提交的履约报告，但的确不是效果评估报告，是一份产出结果报告，缺少《公约》生效后中国残障者们和社会的变化和影响。当然，类似的效果评估报告未必一定是由政府发布，学术研究机构、行业协会、DPO 等均可编制发布，只可惜各方缄口，或条件欠佳、能力不足。此外，本文没有涉及某一项或某几项具体权利，研究方法上没有采取定量方式，采用的质性研究难免会落下主观、不科学的诟病。因此，这点虽是遗憾也是不得已而为之。

第二，未提出建议。这点显然是本文的一大瑕疵和缺憾。首先，笔者并不认为其他专家、学者和残障从业者不知晓中国残障事业的发展现状，也不认为他们所做的研究和行动没有解决方案，只是能否接受和采纳的问题。其次，笔者以为一旦提出建议，或许就会把一些"窗户纸"揭开，是否合适，有待商榷。最后，作为一名行动研究者，没有行动和实践去检验提出的建议，只是起到纸上谈兵的效果，岂不是依然被贻笑大方？因此，这点虽是遗憾也是权宜之计。

残障，留给中国残障者们太多的痕迹。或是时间的刻痕，分秒必争换来改变；或是无助的泪痕，擦干了再假装欢笑；或是挫伤的疤痕，长好了印记还在；或是汽车的划痕，粉饰后就不见踪影；或是纸上的墨痕，字迹越多纸面越乱；或是心口的伤痕，作痛时哼唱"十年"；或是刀口的血痕，不忍直视……

　　《公约》生效的十年，飞驰而过的十年，留下的各种痕迹都将载入历史。《公约》生效的第一个十年，大潮涌动的第一个十年，浪潮退去沙滩上留下的贝壳，正在经历阳光的暴晒，正在等待下一次浪潮的冲洗。

　　过去呢？过去未去。

　　现在呢？未来已来。

　　将来呢？公约历程。

年度收藏

收藏，是一种爱好，无论物件的大小，搜集、储存、分类、维护，每一步都小心翼翼。

收藏，是一种生活，随时随地，闻风而动，深入探究，在点滴细微中探寻博大精深的奥秘。

收藏，是一种投资，着手当下，只为未来，不可替代，保值升值。

收藏，是一种哲学，伺机而动，少即是多，得失来去，聚散离合。

收藏，还是一种财富，金钱在外，精神在内，随着时间，久远发酵，传承发扬。

每一年，我们依仗生命财富和实践积累，适时出手，锁定收藏，期待在未来的中国社会和残障领域，持续升温，落实行动，促进改变。

一加一在联合国的首次发言

文 / 解岩

2012 年联合国残疾人权利委员会审议中国政府履行《残疾人权利公约》（以下简称《公约》）状况时，一加一残障人公益集团（以下简称一加一）——这家中国本土独立的残障权益保障机构向委员会递交了民间报告，遗憾的是没有亲临联合国的审议现场，只能通过远程直播观看。在 2018 年的 6 月中旬，这一遗憾得到一定程度上的弥补。2018 年 6 月 14 日，位于纽约的联合国总部举行《公约》第十一次缔约国会议。会上，马志莹博士（肢体障碍）作为一加一的代表，在 14 日下午闭幕式的互动对话中，以民间社会代表身份发言。这是中国民间残障领域的 DPO 第一次在联合国和缔约国会议上发言，实现了历史性突破。因此也成为 2018 的年度收藏。

1. 事件远比想象更简单

2018 年 3 月的某一天，一加一的蔡聪向笔者询问，当时在密西根大学人类学系任教的马志莹博士，想以一加一的名义参加联合国举办的会议，她特别对其中的残障女性议题非常感兴趣。会议信息来自国际残障联盟（英文简称 IDA）的邮件群组。对于这一请示，笔者没有任何犹豫当即同意。原因有三。一来，志莹博士是一加一常年的学术支持者和伙伴，彼此的信任和欣赏，非语言可以形容。二来，志莹博士对中国残障领域的发展有深入了解，她出国之前在国内残障领域有长期实践和积累，不会到国外的舞台信口开河，其专业素养是笔者信任的。三来，残障女性议题也是一加一孵化的"DAWs 受残障影响女性网络"从 2015 年就开始实践的。志莹博士虽有学者身份，还有残障女性的社群身份，但无论是以某一所大学还是以个人的身份出席，都不很妥当。况且又是在国际舞台上发言，内容还是讲中国国内的残障情况，没有一个残障机构的身份和背景，显然是不专业也不合常理的。因此，以一加一的名义参加再合适不过。如今再去回顾这三个原因，其实也是笔者多年浸淫行业对重大事件的判断标准：做人、做专业、做事。

也就是这样一次不经意的决定，没想到在 2018 年 5 月初的时候，与中国残联国际部的工作人员发生了为期一个月的非会面沟通。起初，鉴于一加一和我的"恶名"得以在微信上联络，对方要马志莹博士个人的具体信息，以及 IDA 会议的基本情况，以便上报外交部。之后没了音信。6 月初的时候，往来的交流更加频繁，讨论的内容全部落在"发言稿"上。

IDA 作为遵循《公约》精神的国际残障机构联盟，通常会以其特殊身份在缔约国会议之前召开相关会议，以促进民间社会与各国政府的沟通与倡导。同时，每一次的缔约国会议的主题也有提前设定，2018 年第十一次缔约国大会共有三个主题："政治参与和在法律面前获得平等承认""国家财政与国际合作""残障女性"。我们自然会选择"残障女性"。在残障专业上，一加一 2015 年开始对"DAWs 受残障影响女性网络"孵化，实践中已经对"残障女性"这一主题有深入理解。

主题是在报名之初就明确的，但发言稿的起草与讨论，进入 6 月份之后才正式开始，其过程是纠结而愉快的。言其纠结，在于发言稿的内容措辞以及中国残联国际部对发言稿的征询，言其愉快，是沟通的过程。当笔者5月初收到中国残联国际部代表外交部的问询之后，就意识到本次会议的重要性，即便残联国际部不要发言稿，笔者也已经想到就发言稿内容要与其达成共识。好在，各方都比较配合我，当我们第一次给国际部发言稿的时候，已经是志莹博士的第四版，足见我们的审慎。为了使事情更为合理，在递交发言稿的同时，笔者微信传书中也铺垫了些许文字，做如下呈现。

有几点背景，是需要事先沟通。毕竟，作为中国残联而言，我们的出现和发言，大家都是第一次，难免有各种复杂的情绪在其中。以下内容，也烦请转给XX，或者直接把我微信推给他。

第一，中国残障领域，第一次有民间DPO在联合国缔约国大会上发言，这是中国开放最为重要的例证。在这个基础上，DPO的发言出发点有两点：（1）中国残障女性遇到的问题也是全球残障女性共同面临的问题。（2）我代表中国的DPO站在这里发言，见证中国公民社会的开放。

第二，浏览过去五六年缔约国大会的发言，在残障女性部分的观点，基本都是我们发言的内容，我们也是基于此做的准备，所以，得出的结论是中国的问题，也是世界的问题。我们的发言，会让别有用心的人士失望的，但的确又是现实，残障女性全球层面都是落后的。

第三，DPO发言比较与政府发言不同，这点也需要我们彼此互信和明确。根据过往中国残联领导的发言，我们知道政府的基调和叙事逻辑。为此，我们结合各国民间发言的叙事框架，呈现出发言内容。简单说，理性说事，与国外唯一不同的是，不予批评。

第四，在国际舞台上，我们能站在这里发言，就是例证。尽管说中国残障女性社会参与度不足，教育水平低，可我们马博士站出去不就是个反例么。是的，这是本次发言最大的成绩。

第五，也是最后一点。基于现在的国内环境，官员的责任，以及大家第一次的协作，我深深地理解领导们的顾虑。同时，鉴于本次发言时间只有 5-7 分钟，我们也会对稿子再做修改。此外，发言会采用英语，马博士在美国也等待我们的回复。

中国残联国际部对于发言稿的回复也在情理之中，未经同意，笔者不便透露具体内容，但可以想象其中的内容，必然包括但不限于：数字要准确、概念要明确、不要吹嘘自己的机构、就事论事不要谈与主题无关的。称其为合情，是出于中国残联所秉承的立场，是中国政府，还是中国残联一级组织，两者的区别在于，如果代表中国政府，回复的这些内容，我们都能理解，如果代表中国残联，想必这些回复的内容，换做他们发言也会这么说。

法理情的结合过程是纠结的，但结果是愉快的。关于发言稿的修改，从最初的第四稿到第七稿，就完成了。彼此之间的讨论不多，甚至是我们主动做出修改，直到 6 月 14 日联合国会议现场，志莹博士发言的内容已经是第八稿（详见附录一），并且配以英文（详见附录二）。

笔者用夹叙夹议的方式，记录完一加一在联合国首次发言国内部分的历程。国际部分或者说联合国部分的经历，笔者没有亲临，更没有发言权，为了使本事件的记录更为完整，仅从志莹博士之后的讲述以及她个人的文章《摇摇滚滚的联合国之路》一文中，客观地陈述和总结一些现场情况和事件背景。

第一，我们的参会角色一直在变。从最初做"残障女性"的主题发言，仅仅作为一名发言人，到最终 IDA 将志莹博士安排为闭幕式环节上的总结发言人。那么，志莹博士的发言就已超越中国代表的发言，成为一位既来自中国的残障女性，又来自中国 DPO 的对世界的呼吁，这一角色的现场转变，是始料未及的。

第二，本次缔约国会议还进行了联合国残疾人权利委员会委员的竞选，中国代表尤亮，经过第一轮、第二轮的普选后落选。

第三，志莹博士发言的时候，中国残联代表团已经不在现场。发言后，联合国经济与社会事务部 (DESA) 的官员（中国人）很惊讶更高兴看到来自中国民间的代表发言。更多更为详尽的史实，有待亲历者进一步揭开。

这是中国民间残障 DPO 第一次在联合国、在国际社会发声，借助这一事件，中国特有的面貌终于不再停留在想象之中。故此入选 2018 年度收藏，事件远比想象更简单。

2. 思考远比想象更纯粹

由于笔者与一加一的关系，此事件定为年度收藏，未免有失偏颇。但由此事件引发的思考和事件本身的价值，将会作为历史引发对未来的思考和研究，更是收藏本事件的意义之所在。本年度借此率先挑明一点，一旦残障议题进入国际社会，残障还那么纯粹吗？根据笔者的思考和提问，先来分析几个问题。

国际社会（组织）对中国残障领域发展状况的了解有多少，可从三方面来看，首先，是基于对中国社会发展的了解，进而在此基础上得出对中国残障领域发展现状的判断。其次，是建立在他们已有价值观和社会制度的基础上的，按照他们的想象来想象我们。最后，是利益基础上的了解，这里的利益依然是他们的利益，经济的、政治的、社会的，唯有符合他们的利益，才是正当的。以上述三点来了解中国残障领域情况的人，他们可能大多数是来自非残障领域；他们可能很了解各国国情、人权、国际政治、经济、文化等；他们可能在本国占据话语权，听命于非残障领域的利益诉求；他们了解的是基于非残障专业的推理和演绎，而忽略基于残障的内容，并视之为普遍的、一般的人的内容。受此影响，包括中国政府在内的各国政府，残障议题在国际社会里就都成了意识形态的问题，而表面上大家又都以人权保障作为国际政治博弈的基础和平台，言必称残障者的人权保障。事实他们是不了解的，是用既有的理论和概念，套用在残障领域，就像是照猫画虎，得出的也是想象中的结论。残障，在他们的眼里是意识形态之争，是看不到人的。的确，残障是不纯粹的。

2006 年联合国通过的《公约》，在已有的国际人权公约里，是唯一与《世界人权宣言》在体例和格式上基本相同的人权公约。如同 2006 年到 2018 年的 12 年一个轮回一般，各国和国际社会在人权事业上走到公约时代，又像回到了起初的原点。透过残障者每一个具体权利的定义，我们将虚无的人权落实到了具体的人的生活中的方方面面。我们甚至可以理解，全世界都在纠偏，甚至颠覆过去对人权的理解和残障者的人权理解，才使得《公约》如此细致入微。此时的残障，又是纯粹的。《公约》本身是纯粹的，残障者权益保障也是纯粹的，但将这些纯粹置于国际社会，又变得不纯粹。

不好意思，提出残障是否纯粹，这不是我的思考幼稚，其中内情还烦请诸位继续听我说道。无论哪种社会制度都有其利弊，但在残障者的权利保障上，强政府的各国对公认的弱社群的责任和义务，是责无旁贷的。这不是某一个国家的问题，是全世界的残障者面临的共同问题，因此，我们希望残障不要成为政治博弈的牺牲品。故此入选2018年度收藏，思考远比想象更纯粹。

3. 困惑远比想象更单纯

继2012年一加一递交民间/影子报告之后，2018年6月，一加一再次代表中国残障DPO在联合国和国际社会发声，事件本身简单，思考也纯粹，但这些看似本分的事情，在笔者的心中一直都有挥之不去的迷茫和困惑，残疾人组织，代表残疾人组织，残障DPO的定义、角色和法律地位，尤其是民间组织与中国残联及各地方残联的关系。DPO是谁？如同"我是谁"的哲学问题，这本不该成为困惑。

查阅《公约》全文，"残疾人"字样占据了大量篇幅。而"残疾人组织""代表残疾人组织"仅仅出现在以下的三个条款中，残障DPO的表述是没有的。

第四条　一般义务

三、缔约国应当在为实施本公约而拟订和施行立法和政策时以及在涉及残疾人问题的其他决策过程中，通过代表残疾人的组织，与残疾人，包括残疾儿童，密切协商，使他们积极参与。

第二十九条　参与政治和公共生活

缔约国应当保证残疾人享有政治权利，有机会在与其他人平等的基础上享受这些权利，并应当承诺：

（二）积极创造环境，使残疾人能够不受歧视地在与其他人平等的基础上有效和充分地参与处理公共事务，并鼓励残疾人参与公共事务，包括：

1. 参与涉及本国公共和政治生活的非政府组织和社团，参加政党的活动和管理；

2. 建立和加入残疾人组织，在国际、全国、地区和地方各级代表残疾人。

第三十三条 国家实施和监测

三、民间社会，特别是残疾人及其代表组织，应当获邀参加并充分参与监测进程。

何为残疾人组织？何为代表残疾人组织？谁能代表残疾人？怎么代表残疾人……一系列问题，《公约》没有直接给出定义，这是一个遗憾，也留下悬念。笔者第一次意识到这些问题，意识到一加一是 DPO，恰巧又是一个历史上的今天。2011 年 6 月 14 日，韩国人金亨植受联合国残疾人权利委员会委托，与 2012 年中国政府履约报告的主笔人到访一加一，本次到访也是拜中国残联国际部的联络和引荐。在金教授离开一加一之前，很惊讶地对笔者说"没想到，中国有 DPO"。一年之后的 3 月，一加一这个中国的 DPO 递交了民间 / 影子报告，七年之后的同一天，一加一的代表马志莹博士在联合国发言。与志莹博士同期在联合国发言的中国残联副理事长贾勇，在"政治参与和在法律面前获得平等承认"主题下做主旨发言时说："中国通过立法保障残疾人享有平等政治权利，包括残疾人的选举权和被选举权，在残疾人立法和政策制定过程中注重听取残疾人和残疾人代表组织的意见，切实保障残疾人的知情权和参与权"。而本次联合国缔约国会议前的几天，2018 年 6 月 7 日下午，中国政府第二／三次合并履约报告征询会在中国残联会议室召开，与会代表包括起草报告的人权专家、残疾人组织代表，以及中国残联代表等。"残疾人组织""代表残疾人组织""残障DPD"，笔者的困惑点单纯到就想知道"我是谁"。

为此，笔者也试图整理和总结。先是在《中国残障观察报告 2016》一书中第一次完整论述 DPO 的概念、基本内涵和三大特征，进而在《中国残障观察报告 2017》一书中撰文《残障者在一起的机构到底闹哪样——残障机构发展的三种形态》，进一步描述兴趣小组、残障互助／自助组织、残障 DPO 的区别。细心的读者也许发现，近期笔者对残障 DPO 的中文表述，也从残障自助组织转变为残障权益保障机构，虽然这样的表述不是中文的直译。国际社会，也同时就这一议题展开研究和讨论，在表述上从以前的 Disabled Persons' Organization，到 Organization of Disabled Persons，以及 Organization for Disabled Persons 的使用。2018 年 9 月 21 日，联合国残疾人权利委员会发布"第 7 号一般性意见"，对何为 DPO 有了更进一步的明确。

好奇是驱动力，关于残障 DPO 的理解和实践还在继续。2018 年度，我们将"一加一在联合国首次发言"归入年度收藏，借助这样一件"事件远比想象更简单"的历史片段，提出"思考远比想象更纯粹"的问题。最后，引出"困惑远比想象更单纯"即"DPO，我是谁"的终极问题。

停笔于此，好好收藏，保持好奇，继续实践，持续追问。未来一年，无法回避进入履约周期，DPO，又该何去何从！

年度汉字

汉语，可以说是世界上最复杂的语言。每一个汉字，能表形、表声，还能表达多重含义。

每一年，以中国为背景，以残障为领域，我们选出一个汉字，去记录这一年我们看到的重要事情，去观察它的过去、现在和未来，看到事情的形、事情的声、事情的意。

调

文 / 解岩

"调"字入选中国残障领域 2018 年度汉字毫无争议。"调"字有"tiáo"和"diào"两个读音，加上"调"字具有的"动词"和"名词"两种词性，可谓天作之美，珠联璧合，又相得益彰地为 2018 年的中国残障事业增光添彩。

2018 年，中国残联的理事长在召开中国残联第七次全国残疾人代表大会之前，如期"调（tiáo）整"，换人啦！上一任理事长的"调（diào）职"也是在全国代表大会之前，而此前，9 月 14 日人民大会堂举行第七次全国残疾人代表大会，各地各级残联自下而上，紧锣密鼓进行换届工作，以完成中国残联下一个五年的人员布局。虽然中国残障事业不只是中国及各级残联的工作，但作为行业主管部门，这样的"调（diào）"和"调（tiáo）"，还是会引发整个行业的关注和影响。

2018，中国残联人员的"调（diào）"是惯例，而"调（tiáo）"有其更为重大意义的背景。2015 年中共中央《关于进一步加强中央国家机关党的群团工作的指导意见》发布，为认真贯彻落实中央关于加强和改进党的群团工作的决策部署，几经商榷的《中国残疾人联合会改革方案》获批。年底，为全面实施《中国残疾人联合会改革方案》，切实增强残联组织"强三性"，即"政治性、先进性、群众性"，"去四化"即警惕和抵制"机关化、行政化、贵族化、娱乐化"，坚决克服形式主义、官僚主义和脱离残疾人群众的倾向，中国残联办公厅印发《中国残联机关干部"走进基层、转

变作风、改进工作"专项改革方案》，简称"走转改"方案，并确定 2019
年为"残联改革年"。不仅"调（tiáo）"的背景大，"调（tiáo）"的内容
也多，有 12 项具体措施要求。而残障者们期待的不是"调（diào）子"
响，"腔调（diào）"亮，总"调（diào）研"，老"强调（diào）"，而
是"调（tiáo）"的动作大，变化大，受益多，不是假"调（tiáo）教"，
真"调（tiáo）戏"。这不是绕口令，是实实在在的提醒和期盼。

每年，中国残联的工作都是按部就班地在"调（diào）"上进行，主
打"无障碍""康复""就业"，辅以"体育""教育""对内外宣传"，只
是不同的年份侧重不同，每换届一次口号和重点不同。的确，残障的日常
工作确实也是如此的基础和常态。但"调（diào）"和"调（diào）"还
有不同，好比乐理上的"调（diào）"。抒情、摇滚、嘻哈、蓝调、流行、
古典……不同"调（diào）"对应着不同喜好的听众，千篇一律的"调
（diào）"显然只能昏昏欲睡。

深入了解"调（diào）"的名词词性及含义，在英文中对应的词语有：
melody、mode、key、tonality。melody，是指歌曲的旋律，也就是人
们常说的曲调、主旋律，通常在音乐中最突出、容易被听出来被记忆的那
一部分。mode，译为调式，理解为某几个音构成乐句的体系模式，主要
就是主音与其他音的分配关系。一首歌曲或者音乐段落中其他音通常是围
绕着主音出现，主音通常在听觉上是最稳定最和谐的。key，这个词经常
在综艺节目里提到，译为调高，主音的音高位置。tonality，译为调性，是
调式和调高的结合，调式 + 调高 = 调性，调式确定音与音之间的关系，调
高是以主音的音高确定了他们整体所在的音高，音乐旋律的走向以及和声
的进行都是建立在这个体系上。

假如把中国残障事业比作一部音乐剧，且不说好听优美与否，至少要

满足在"调（diào）"上这一最基本的要求，即便是平平淡淡之中也会有高低起伏、强弱快慢。否则，就是老百姓说的"不着调（diào）"。事无论怎么"调（tiáo）"，人如何"调（diào）"，中国的残障者们只希望永远在"调（diào）"上！

　　2018 年度汉字所选择的"调"字，还有一个非常少用的音，"调（zhōu）"，朝，早晨之意，组词"调饥"，亦作朝饥，是早上没吃东西时的饥饿状态，形容渴慕的心情。故，以此心情面向未来。

年度人物

年度人物是报告中最具挑战的部分，没有之一。

我们唯恐因为视角和理念的不同，给当事人的过去造成伤害和负担；我们唯恐因为语言、叙事、论述等方面的能力不足，给当事人的当下造成误解和麻烦；我们唯恐因为人的观察和描写，给当事人的未来造成损失和影响。

但我们无法回避和阻挡，以时代为背景，以价值观为基础，将人与人、人与万物，置于其中，记录我们的命运，书写当代的史记。

所以，我们不以成败、好坏、善恶论人物！这是对我们的考量，也是对每一位读者的尊重！

蔡聪

文 / 解岩

2017 年凭借《奇葩说》第四季辩手，以"世界上不该有残疾人"一段 7 分钟惊世骇俗的演讲，征服蔡康永、何炅等一众名人而一炮走红的蔡聪，盲人蔡聪，本该毫无悬念地入选《中国残障观察报告 2017》的年度人物，但因为全国心智障碍者家长组织联盟的创始人王晓更老师于 2017 年 9 月 12 日仙逝，该年的年度人物定然是这位伟大的母亲。然而也恰恰是这样的错过，使得 2017 年爆红，又经过 2018 年历练和成长的蔡聪，更值得观察和书写。如果将其放在更大的背景中观察，2018 年，中国残联成立三十周年，中国批准加入联合国《残疾人权利公约》十周年，这位伴随中国残障事业发展长大的"80 后"，深受《公约》浸淫的盲人小伙儿，入选 2018 年度人物，却是恰逢其时和当之无愧。

蔡聪，出生在中国中部的一座小城市，与大多数同龄人没有什么不同，按部就班地上学，完成义务教育的规定流程，不同的是，十几岁视力出现状况，成为一名视障者。与大多数在城市里的视障者也没有什么不同，在普通学校读完全部课程后，蔡聪，没有选择去职业中专学习按摩而是想上大学，于是毫无选择到长春大学——一所中国最早对视障者实行单考单招、开设中医推拿专业的大学，即便他知道，大学学业结束后，职业选择几乎仍然是按摩。那时普通人进入大学学习，已经是一件顺理成章的事情，但对于视障者，却是极少数的选择。受知识改变命运的感召，蔡聪是那个时代中国视障者的少数派，无论当时出于何种目的，知识改变命运，蔡聪和他的父母，一定有这样的期待。与大多数媒体采访蔡聪的好奇、猎奇和新奇视角不同，我们认为蔡聪的教育经历，就是中国残障事业发展成果的见证。

大学毕业后的蔡聪，在进残联和进按摩医院工作无果之后，成为一名普通的盲人按摩师。或许从他成为盲人那一刻开始就有所耳闻，无论上不上大学，大多数视障者最终都要从事按摩行业，如今"传闻"变为现实。但那个年代里明知大学毕业后还是干按摩而偏向虎山行的那批视障者们，大多有一颗不羁的心。就业、脱离原生家庭，进入社会，在接下来的人生历程里，蔡聪是抱有期待的，而且勇敢地迈出了尝试的脚步。学习英语，是不甘于现状的视障者试图突破的必选项，甚至对于自小为肢体障碍者来说，是首选项。在英文的世界里，一方面可以了解外面的世界，增长自己的见识，提高自身的学习能力；另一方面或许英语是时常与自己对话，少时与外人对话，不会长时间地与社会人来对话，因而也是一种社会隔离下的伺机出击。随着互联网的兴起，网络世界里的人不特别介绍，也许不知道对方是否残障，这也给了蔡聪融入社会的一个契机。他开始在一些中文小说网站创作、连载他自己写的小说，并得到了一定数量的拥趸。虽然这两项尝试并没有给蔡聪带来立竿见影的效果，但一定增强了信心，而这在他进入一加一之后得到了充分展现。

2011 年，毕业近两年的蔡聪向一加一投来简历。那一年的招聘，也是一加一历史上为数不多的公开招聘。蔡聪加入的过程并不顺利，但对于蔡聪和一加一而言，那个过程反倒是非常具有意义和价值。自成立以来，进入一加一的人，无论是残障者还是非残障者，几乎没有人是通过笔者的面试加入，要不就是之前认识凑到一起，要不就是别人招聘或外人引荐。

面试蔡聪的是他现在共事的两位合伙人：傅高山和杨青风，面试过程是通过邮件问题回答和网络语音交流完成的。邮件里的五个问题，大多指向一个主题："身份认同"，或者说你是怎么看待自己的残障的。其中一个问题很具有当时的现实感："如果有残障者通过电视征婚节目《非诚勿扰》进行相亲，你怎么评价？"这样的问题没有正确答案，但可以反映出一个人对自己的看法和态度，也会影响这个人未来的发展。记得当时，高山和青风在面试结束后充满惆怅地找我谈蔡聪的加入，他俩的结论是不建议录用，原因是这个人太强。长春大学毕业，写过网络小说，英语也不错，这样的人将来怎么管理。于是，笔者向他俩问了两个问题：第一，这个人家庭条件如何？回答道，还不错，父亲有自己的生意。第二，这个人经历过什么挫折？回答道，十几岁中途失明的，大学毕业后干得不爽，对一加一很早就了解。听完之后，笔者直接回复："招，管不了不是因为人家强，是我们没本事，再说要是打算以管的方式共事，那咱就不招了。"这段历史，时常被大家拿出来说笑，但无形中带出的现实意义，是蔡聪之后的发展也面临的。

现阶段，中国的残障者，如果出自殷实人家，那经济基础所构成的底气，虽不能决定一个人的行为，但会成为影响他做出不寻常举动的动因之一；个人的挫折和所在家庭面对挫折的态度，是个人意志培养的基础，是人格的塑造和打磨；在英语学习、网络写作等方面的努力，是个人寻求突破现状的尝试。这些特征和条件蔡聪都具备，加上一定的运气，这也使他在自己喜欢的领域进行尝试和探索成为可能。蔡聪加入一加一的幸运，高山、青风和笔者固然是其中因素，但更重要的是，一加一的平台在那时已经初步搭建完毕，开始对外拓展。蔡聪的英语能力，在后续的国际项目和交流合作中得以施展。蔡聪出色的写作能力，刚好在那时弥补了一加一的广播难以转化为文字、图片等更多产出的缺憾。入职后经过一年多在广播制作方面的历练，2013 年创刊的《有人杂志》标志着蔡聪在一加一和中国残障领域的正式起航。后续的案例集、手册等，也无一不是蔡聪能力的绽放。蔡聪的运气是个人的，而成功是平台带给他的。

2017 年，蔡聪在《奇葩说》上的走红，是上天给有准备的人以丰厚的回报。从笔者将节目经纪介绍给蔡聪开始，蔡聪一路过关斩将，用实力而不是用残障身份 PK 掉一众选手。后来蔡聪诙谐而专业地说："特别好奇，自己何时被 PK 掉，特想知道，残障者在这样一档以商业利益为目标的节目里，节目组是看重收视率，还是以残障博眼球。"即使蔡聪演讲的内容与残障相关，但蔡聪做到并说服了节目组，在节目里是以能力、意义和价值作为优先选项，而不是传统的以残障博得好评和肯定，更进一步地说，蔡聪获得了商业上的肯定，对于残障者过往靠感动、励志、猎奇获得关注是完全不同的，这是中国残障社群第一次登上主流舞台。

蔡聪的出色，经历 2017 年人生高潮之后，2018 年更是全面呈现。各种邀请接踵而来，节目出镜，残障领域的培训，公益行业的演讲……2018 年的蔡聪，在被邀请中进一步成为网红。也正是因为这个"网红"，把原本埋藏已久的中国残障领域的诸多问题，暴露在世人面前，笔者将其定义为"蔡聪现象"。热热闹闹的活动，风风火火的应酬，永远 C 位的合影，挂在嘴边的网红，行业塑造的人设，透过"蔡聪现象"看本质，"我是谁"？无法逃避，又不得其解，蔡聪到底是谁？2018 年，赶上好运的蔡聪，又在他的人生里得到命运的启示并做出聪明的选择。

成为网红，的确给蔡聪带来了一定的流量，也就是关注度。一方面，受益于《奇葩说》节目的传播效果，在这样一个主要植根于年轻网民的平台上发声，得到关注和流量是必然的。另一方面，也是对蔡聪能力的肯定，肯定的是他的口才等综合素养以及他将残障议题转化为社会问题的能力。网红，这一时代语言，是社会大众建构出的一类人的形象，网红的内容不同，正面与负面的影响也不相同，但大众对网红概念的理解几乎一致，例如"红"意味着之后会如同烟花般绽放消失。当网红遇到蔡聪，假如蔡聪只是一名非残障者，网红与蔡聪的结合只是增加了蔡聪原本的社会身份，例如网红校长、网红县委书记等。但现实是网红除了与叫蔡聪的这个人结合，还与视障、公益人、DPO等名称混搭在一起，其景象就别有一番滋味。

蔡聪，是一名"网红了"的盲人。媒体最初因为《奇葩说》接触、采访报道蔡聪，最终因为盲人生活的种种不易定格在报道中。人是万物的尺度，媒体从关注人到关注人背后的故事及其成因。在已刊出的报道里，对于蔡聪这个盲人的报道已经很大程度上扭转了过去媒体报道中千篇一律的励志风格，这其中，我们能看出蔡聪这个残障专业人士所付出的努力和妥协。但问题就在于被固化的盲人形象根深蒂固，短时间内很难得到改善，而且这是必然的。可是视障社群中人，或者进一步扩大到残障社群中人，也不会因为蔡聪成为网红而觉得自豪。本来社群出了领袖，社会中发出了基于残障的不同声音，该击节叫好。但恰恰相反，视障或者残障社群并不以为然，特别是上了年纪的视障者或者残障者。的确，蔡聪的成长经历在大多数视障人看来，与己无异，蔡聪的演讲能力，在靠手、嘴和脑子吃饭的盲人身上，也不起眼。加上以讲故事、演讲为主题的培训工具悄然成风，残障社群里人人都有望争当下一个蔡聪。至于蔡聪以权利为核心的演讲理念，社群中人即便感受到权利的味道，但"权利"两字对于视障及残障社群来说，也是家常便饭，依然没什么稀奇。并且，以权利的名义成全个人的私益，是当下中国残障社群尽人皆知的惯用手法，个人与个人之间对比，是看不出私益和公益的区别的。这就引出蔡聪的下一个定位——有组织的人。

蔡聪，是一名"网红了"的 DPO 人。有组织的残障人组织，是指正式注册、获得法律身份的一级法人机构，而 DPO，又是残障人组织里的凤毛麟角，少之又少的专注于残障权益保障的机构。蔡聪，网红了的 DPO 人，DPO 既是他的背景和平台，又是他的负担和困扰，相对于残障者个体而言既是优势，也是劣势。深受一加一培养和浸淫的蔡聪，生在 DPO，长在 DPO，《公约》已经进入他的血脉，回避权利在他看来简直不可思议，是万万做不到的事情。DPO 人的属性，使得他具备把残障议题社会化的能力，其个人奋斗的历史，也因为有了机构的背景和平台，就区别于一般残障者的奋斗故事，从而得以突出和显现。但无论是媒体、公众，还是社群、政策制定者，谁会喜欢一名权利倡导者，更何况又是天然就具有权利倡导优势的社群中人。蔡聪只能被动地妥协媒体和公众的认知，又要放下权利的主张，去迎合和配合媒体。可一旦蔡聪进入讲个人故事，就又回到了残障者个体的范畴，而这是他努力后所不希望看到的。另外，网红后的蔡聪，社会资源突然暴增，这其中是看重蔡聪个人，还是看重有机构背景的蔡聪，进而看到一群具有理念和价值观的 DPO 人，很难分辨，但为了合作和其他利益诉求的实现，需要适应环境，展现网红励志哥的形象。与其说 DPO 给蔡聪带来了正负两方面的问题，不如说是当下残障权利的倡导带给有组织的人的困扰。这一困扰，又引出蔡聪的下一个定位：公益人。

蔡聪是一名"网红了"的公益人。流量变现是网红们的目的，将其付诸商业社会很好理解。但在公益行业，流量变现的是什么呢？是多一些项目，多一些人脉，还是多一些影响力？这是普遍能够想到的问题，只是到了残障领域还多些不同。大众能够理解的是成为网红后可以实现个人利益的变现，如某人在帮助某位残疾人之后，所进行的对外宣传所传达的，似乎是帮助了整个残障社群，这实际上混淆了有姓名的人和有残疾的人，如同介绍某人，是先介绍其姓名，还是先介绍其社会身份一样。蔡聪在流量变现上的困扰，是在前述社群、DPO 和权利的协同合作下，为残障者的非具体权利所做的公益，与大多数为具体权利、对个体残障者的关爱助残不同，更何况关爱助残中鱼目混珠着以彰显自己的道德为目的的机构或个人。如此的错位，并不一定带来大家想象中的流量变现，这其中作祟的依然是权利。此外，中国公益领域有一条成熟的网红变现路径，即频繁出镜，广发言论，拓展人脉，塑造专家，广受邀请，付费培训……外在的表现是其机构越来越小，个体越来越大，每天不是在去培训和开会的路上，就是在培训和开会的现场，这也同样困扰着蔡聪。由此又引出蔡聪的下一个定位：领导人。

蔡聪是一名网红了的领导人。前面社群、DPO 人、公益人的三个定位，再加上在一家以社群为主的 DPO 的公益机构，多了一个领导人的头衔。现在，摆在蔡聪面前的，如同商业人士是做技术还是管理一样，蔡聪是要走残障专业，还是做职业人。这一选择的混乱和模糊，会毁掉很多公益机构及其领导人。首先，中国 NGO 领袖个人主义的倾向严重，某个强人带领一众弱者混江湖，一荣俱荣一损俱损。这名强人什么都能做，但也什么都做不好，精力不够。其次，在公益和残障领域，何为专业，何为职业，难以区分。往往因为一个人的全能，使得团队成员的专业和职业不分，发展规划模糊，人才留不住。最后，DPO 的专业，现阶段得不到认可，加上人为的故意混淆，似乎只要是身披残疾的残障者，就天然懂残障专业。某个领域的学者，只要为残障代言，就似乎天然是残障方面的专家。这些话题，他日再叙。蔡聪在这样的背景下，对于自己未来的发展出现了选择性障碍。

如果选择残障专业的深耕，一方面，会遇到高学历的学者，而蔡聪的残障专业，在中国是抗不过高校里的学者、教授、专家的。此刻，蔡聪的身份，只是一名视障者，甚至说是一名研究对象，再好听一点是行动研究者。那么，是不是解决了学历、学位就解决了残障研究者的身份？想必未必如此，这又回到蔡聪当初进一加一的情形，还需要一个好平台。另一方面，与具有残障身份的残障研究者相比，蔡聪又抗不过留洋海外的具有残障身份的研究者。比残障身份，大家都有，肢残者比视障者更吃香，比学历，比不过，比海外经历，更没有。唯一有的就是大量的国内社群的实践经验，但这只是可以作为研究对象看待，而非残障研究者。对标的结果，成为残障专业的领导者，难！成为具备职业能力的领导者，更难。此时的残障身份，不再是优势，更不要说项目管理、传播、运营、财务管理等一系列有资质和水平等级要求的岗位，从资格考试等入门的路径上，就封住了视障者的进入。就算自学成才，那些数字、图片、图表等的使用，又需仰仗个人的视觉和审美。这又引出蔡聪的下一个定位：合伙人。

蔡聪是一名网红了的合伙人。合伙人一词的走红始于 2013 年的一部电影。笔者对一加一实行合伙人制度的改造完成于 2014 年。蔡聪在那时候成为一加一的合伙人，也是五位合伙人中年龄最小的一名，更是五名合伙人中无法保持低调、只能高调的那一名。无论是机构需要他的"网红"，还是事业发展需要个人网红，蔡聪都已经被深深地打上了烙印。蔡聪的困惑、蔡聪的定位，不仅是蔡聪个人的，是集一加一五位合伙人过去经历的挑战于一身，是一次集中的爆发和呈现。分析完狭义的合伙人，再看广义上的合伙人。一名个体的残障者，以残障权利为核心，要统领一个个以个体姿态出现的残障者，以及众多利用残障个体身份，以个人代表所有残障社群的残障人，或被利用的残障者，是不现实的。他的名字，注定会被淹没在茫茫残海之中，他的事迹，注定会被一代代残障者的生活所重复或重演，他的残障身份，注定会被下一名同样的残障者代替或覆盖。无名英雄的花冠，已经在过去三十年，乃至更长的历史长河中飘荡。记住名字，并不是光宗耀祖，为历史写下浓重的一笔，记住名字，只是在当世里，以一个人的名字存在，而不是以统一称号"残疾人"而存在。蔡聪，需要组织，需要在团队中与其他志同道合的伙伴们，分工协作、相互补充、彼此陪伴、共同成长，更需要以团队为基础和背景，吸引、培育更广泛的残障社群，团结更多元的利益相关者，成为残障权利保障的合伙人。

2018 年，在这个以痛吻我、以歌报之的时代里，借蔡聪入选年度人物，借"蔡聪现象"的描述和拆解，一步步分解一名普通的残障者，成长为一名残障权利的倡导者、行动者和领导者的历程，总结起来是"五阶定位"。第一阶，残障身份定位，这是在谈残障者的身份认同；第二阶，DPO定位，这是在谈残障者对权利的认同；第三阶，公益人定位，这是在谈残障者对社群公共利益的认同，而非借公益之名行私人利益的实现；第四阶，领导人定位，这是在谈残障者自身发展路径的选择和认同；第五阶，事业合伙人定位，是在谈残障者团结更广大的社群，去个人化、去社群标签、去领袖化的认同，即我将无我的终极境界。"五阶定位"里，每完成一步进入下一阶，都是残障者个人的浴火焚身和凤凰涅槃，重生是每一阶经历后的标志，能否进入下一阶又是每一个人的抉择，或许大部分残障者和家长还在被第一阶的身份认同门槛堵在外面。

2018 年度人物，蔡聪用自身的经历为行业奉献智慧和财富。鉴于篇幅、体例的限制和不可言表的原因，其中大量的细节和深刻的剖析，无法一一表述，更多的是蔡聪的困惑，但这丝毫不会降低我们对蔡聪的褒奖。更重要的是，我们期盼这样的褒奖，迎来蔡聪的下一次高峰，并吸引到下一个蔡聪！

第二部分

2018 中国残障年度行动研究

弱社群和强标识：
符号学视角下年度残障十大权利事件的隐喻

文 / 解岩

逢五逢十，对于中国人来说都是大日子。

"中国残障十大权利事件"（下称年度权利事件），自 2013 年开始启动。在年度权利事件第一个五年进程完成之际，我们整理和撰写了《残障十大权利事件在中国的诞生、演绎与发展》一文（收录在《中国残障观察报告 2017》），并且促成了中国心智障碍领域第一次十大权利事件的评选。但这些丝毫没有掩盖住行业人士对年度权利事件的看衰。

我们深知大家的困惑和疑虑，甚至是不解。在"所有人对所有人"全媒体传播时代，五年来，年度权利事件并没有引发震动。就算是行业的热捧和传播爆炸，也仅仅是在每年的年末和下一年的年初，偶尔发生波动和振幅，过后又趋于缓和和平稳。

2013 年，一加一残障人公益集团（以下简称一加一）第一次发起年度权利事件的评选。虽然，我们对外坦言，发起年度权利事件是学习和参照儿童、妇女、性少数、公益法等领域的做法。可内心里总有一种声音在提醒我：慢慢来，残障领域学得了"身"，学不全"体"，残障领域的"身体"还远未发育。几年下来，这一状况和趋势，也着实印证了笔者最初的预料。于是，一加一和笔者，一方面，依旧云淡风轻地持续在做，在行业里去引导和引领；另一方面，内心显现出时而焦虑、时而窃喜的复杂和煎熬。造成如此之"窘境"的理由，我们首先必须承认，这是一加一的社会动员能力不够，也就是无话语权。这不仅体现在社会大众层面，也体现在残障行业的人或机构。而更深的原因是，残障行业一边高举权利的旗帜争取利益，一边无视媒体对残障者的矮化和异化，以爱心博得媒体的青睐。取名为年度权利事件，不带丝毫的一加一标识，却终究还是没有得到行业里太多的跟随、参与和支持。这一事实，无法回避。

从传播学角度分析年度权利事件的发展，逻辑也是行得通的。美国学者 H. 拉斯维尔于 1948 年在《传播在社会中的结构与功能》一文中，首次提出著名的"5W"理论，即构成传播过程的五种基本要素，包括 Who（谁）、Says What（说了什么）、In Which Channel（通过什么渠道）、To Whom（向谁说）、With What Effect（有什么效果）。将其套用在年度权利事件上，以联合国《残疾人权利公约》（以下简称《公约》）第八条提高认识为基准，由残障者及残障者权益保障机构 DPO，从每年媒体报道的残障事件中，评选出年度残障十大权利事件并逐一进行分析、评论，从而呈现媒体塑造残障者形象的理念框架，与《公约》精神的差距，以此促进全社会平等意识之养成，及残障者权益保障目标之达成。

新事物的破土而出，需要人工的育种、土壤的孕育和环境的滋润。在之前的撰文中，笔者着力于人工的育种，即年度权利事件出生、演绎和发展的过程。简单来说，就是只是描述了怎么干的，却没有将其诞生的土壤和环境予以描述。如今，年度权利事件已经进入第二个五年，其"落魄"的境遇像谜一样存在，一定是哪里出了问题！新事物出了问题，除了自身之外，就是这个土壤和环境了。现在是时候给大家解开这个谜了。正如爱默生（Emerson）所言：All is riddle, and the key to a riddle is another riddle（所有的事物都是谜，而解开一个谜的钥匙是另一个谜）。

1. 解谜：弱社群

谈及残障者的弱，是不容置疑的弱，是个体的弱，是公众在生物学上理解的弱。但当弱扩大到整个残障社群，变成一"类"人的弱，被定义为弱社群，就变成社会学上的弱。每一个个体被忽略了姓名，取而代之是口语化的指代，"残疾人""盲人""自闭症"等，即便是稍显文明的"残障""视障"之类的用语，也只是进一步加固弱社群的标识，为什么会成这样？笔者本想以米德的符号互动理论加以阐述和解释这一问题，但此研究，并非笔者所擅长，就暂且留给有心人。但笔者还是试图采用米德《心灵、自我和社会》一书中有关基于残障的社会互动的主要观点：社会的相互作用，是在当下的社会关系背景下，残障者与残障者，残障者与非残障者，残障者与残障社群，残障社群与非残障社群等在心理、行为上相互影响、相互作用的动态过程，试图拆解年度权利事件所处的土壤和环境的相互作用，也即弱社群形成的动态过程。

1.1　看弱的七十二变

弱，表明了残障者的天然特质，展露在外的是体力和心智，以及由此引发的对残障者行为能力的保护和限制。弱，也是残障者与生俱来的武器，展露在外的是生存手段，以及由此延伸的处世哲学。本部分从残障者出发，通过为"弱"附加动词，分析残障者如何使用弱，看到弱的七十二变，去理解残障社群这个土壤的沙化程度。

倚弱。倚靠、倚仗的"倚"字，也是倚老卖老的"倚"。顾名思义，残障者倚仗的是自身所具备的各种"残"的种类、样态和身份。倚弱者，或许是真弱，实在是没有什么其他可以供其倚仗的，唯有自身的"残"，并且他们并不知道为其弱买单者想要什么，反正我就只有弱，管你因何买弱。街头看到的一些残障的乞讨者，无论他的残是如何造成的，倚靠这一身的残，换得他人的施舍，这与街头艺人、喜欢漂泊的人不同，用"残"换怜悯，简单、直接、有效。

卖弱。卖弱者，与倚弱者不同。他们知道买弱者想要什么，为了达到卖出去的目的，在已经具有残障身份的基础上，再进一步地精心研究和制造出弱的假象，一旦诱敌深入后，一击命中，获取利益。成交了，一个愿打一个愿挨，不成交，买卖不成仁义在。如此卖弱者，广泛分布在残障社群的各个角落，很难区别。本来就具有的残，一旦会卖了，找到买主的痛点，卖起来如鱼得水。这类卖弱者比较好识别，他们大多聚集在公益领域，并且大多不会被人记住名字，而以其卖点代之。

用弱。用弱者，妙就妙在这个"用"字上。毛主席的"用兵真如神"这句诗词充分说明，弱不一定都是弱点，用好了"弱"，盘活了资源，一手烂牌也能赢。与卖弱者不同，卖弱者，卖的就是弱，不遮不掩，即便是叫卖方式不同，但形式还是买卖。而用弱者，很擅长在不利于自己的处境下，置之死地而后生，还擅长在不同人之间周旋，把自己的弱变成优势，进而后发制人。这类用弱者，多为在官场和职场中的残障者。他们具备职业技能，也通过自己努力占得一席之地，但如若更进一步，用弱往往成为其撒手铜。

装弱。装弱者，是残障社群里偏强的一类人。如果把残障者的家长，尤其是心智障碍的家长，也算作社群的话，分辨装弱者更为简单。同时，既然是装弱者，必然需要一个氛围让这种装能一直装下去，观看的人也心照不宣地配合。披着羊皮的狼一旦把羊皮掀开，就不好玩，更不好看，游戏无法继续。这一类人，其外在是无法遮掩或者可以隐藏的残障身份，而内心则是装成弱者的身份。他们不承认弱，却装弱，他们往往是残障社群里面的精英、高端人士。普通残障者，是不用装的，因为已经弱得都出不了家门，还装什么。

扮弱。扮弱者，除了具备装弱的特征之外，还要具备两点，一是观众，二是自己要入戏。既然是扮，自己不入戏，观众总出戏，满场都是尿点，是会起哄喊退票的，自然也就不配合。而自己一旦扮相出来了，没有了观众，自己演得也就无精打采。扮弱，需要这样的局，把残障者和非残障者都摆在局中央。由此，扮弱的残障者，都是残障社群里一等一的出类拔萃的头牌，是闪光灯下的笑脸，是做局者精挑细选的练家子。

恨弱。恨弱者，多是与命运抗争，不信命，不低头，敢与命运叫板，试图搬开钳住自己命运的双手，敢于伸手问天，"让暴风雨来得更猛烈些吧"。但表面上、朋友圈，充满了各种鸡汤句、励志语，并且他们是哭着笑着道出这些醍醐灌顶的金句，丝毫看不到有怨恨。久而久之，他们自己或许都相信这就是命，人不能和命争，残障这个身份带给他们的只剩怨和恨。自强人物、励志榜样、老好人等残障者，一旦出现引发他基于残障的恨的导火索，立刻自爆。

守弱。这个守，或是保守的守，或是守拙的守，或是守候的守。保守，意味着残障者的自卑、认命，忍气吞声，庸庸碌碌，这一世为残，下辈子翻身。守拙，意味着自食其力，甘于寂寞，如此了却一生。守候，意味着残障者的谨小慎微，因残障经历了受欺负、受凌辱，他们爱面子、喜欢撒钱，表面上爱交朋友，其小心翼翼地守候着当下。无论哪个"守"字，对于残障，他们既恨又无奈，守，成了唯一的抵抗。

为（wèi）弱。为弱者，自身的残障，相比非残障者的为弱，成为其为残障者和残障社群谋福利最有力的证据，也天然附带着正当性和合理性，但同时，面对残障社群与自己一样的残障身份，"镜中自己"也成为其必须面对的，专业上称之为身份认同。然而，正是他的为弱行为，博得了非残障者的发现、报道和表扬，逐渐地，原本的为弱者迷失在为谁者的迷雾中。作为残障者本来弱的一面，或有瑕疵的生活，也不允许、不接受被展露。为弱者，终于被吹捧和塑造，活成大部分人想象的那般有用之才。

示弱。示弱者，虽自身强大，但故意示弱，深知吃亏是福，更审时度势，知道何时示弱，何时逞强。与用弱者不同，示弱者示弱，其目标更为公益，而非私益。示弱，不是委屈自己，而是有更远大的目标和使命。领导力和气场，是其除残障之外的明显标志，但遗憾的是，示弱者极少，更加难以辨识，需要很长的时间和更多空间去判断。

九个动词与"弱"的搭配，你或许认为勾勒得太过绝对，或许认为过于简单粗暴，还或许认为出发点太过阴暗。总之，这些定不能全部覆盖残障这一弱社群的全景。隐弱、藏弱、变弱、生弱、胁弱……当以残障者为主体的主动行为与弱建立起联系，可以一直这样罗列下去，形成看弱的七十二变。

1.2　看强的七十二变

现实世界里，残障社群作为弱社群，不仅仅体现在这个社群内部个体的弱，也是通过与外部社群的对比、相互影响和作用得出这个社群整体弱的结论，那么，首先的对比项自然是非残障社群，一个强者组成的非残障社群。反之，非残障社群的强，也是通过与残障社群的弱对比，得到进一步印证的。如此强与弱的互动过程中，看强的七十二变，是看强社群对弱社群的态度和行为，并与"弱"字的再次组合，呈现出强者视角下的弱社群。

恐弱。在每个普通人的成长经历和社会生活中，或多或少都会形成一种自我的理解和认知，进而形成一种价值观。残障者的外表和心智，与社会中的多数人不一致时，这种价值观，会受到冲击，产生恐的情绪。更简单地讲就是"没见过"。这是强者中的恐弱者第一步的反应：惊恐。之后是恐怕、唯恐，才有了对残障弱社群的隔离和限制，"残障会传染"等各种误解、误区就会产生。强者中的恐弱者，会把弱者视为自己的财富，或者是猎奇、观赏和把玩的对象，在马戏团里这种情境最为常见。

怜弱。卢梭认为"怜悯心"是人类其他美德的基础。"自然既然给予人类眼泪，那就表示，它曾给予人类一颗最仁慈的心。"那么，怜悯是面向所有人的，而所有人中，越强的强者，一旦流下眼泪，流下对弱者的眼泪，就越会得到追捧和称赞。但怜悯不等于同理心，怜悯带有歧视的色彩，更直白地说，就是鲜明的"你是你，我是我"，行动上可以扔下一些钱币，但强者的世界是没有弱者的。强者中的怜弱者，在没有损害到他的利益时，会时刻保持优雅的仪态，以表明强者的等级和弱者的存在。

救弱。救命、抢救、救助的救，是无条件的，是人道主义的救援，是涉及人的"生命"存活的根本问题。强者中的救弱者，面对残障这个弱社群，最直接的行动就是救，资金上的捐赠，医疗上的康复，经济上的扶贫……既然是救弱，就不用考虑商业逻辑、市场规律，也不用考虑弱者的感受和权利。强者中的救弱者，掌握着社会财富和权力，救弱的行为，或掩盖他们的罪行，或抚慰他们的内心，抑或加持他们强者的印记。

利弱。残障这个弱社群，与其他弱社群最大的不同，在于残障者作为人，有为人的一切需求，又有基于残障的个体需求。以残障为利益点，以残障人为利益点，还是以人为利益点，诉求、手法、目标不同，"利"的效果也会变化莫测，全靠强者中的利弱者做出选择。无视或牺牲弱社群的利益，唯利是图，是利弱；主观为弱，客观利己，利益均沾，也是利弱。弱社群对于强者中的利弱者所做的利弱，或是用脚投票堪比抵抗，或是凭制度的架构得以保全。否则，就彻头彻尾成为利弱者的工具。

爱弱。每个人都有爱，又都被爱着，爱最简单也最难辨识。强者对弱者的爱，上升到极致，变成救世主、代言人，下降到极致，又变成魔鬼。强者中的爱弱者，在救世主和魔鬼间徘徊，如把这些爱弱者再加上社会身份去观察，宗教领袖们，越是强大，越需要爱弱者；政治人物，言必称"为人民"；电影中的英雄们，或是为大爱，或是为小爱，体现着强者的价值……爱的出发点不同，自然会引发不同的爱的效果。判断爱，唯有靠牺牲去甄别，谁去牺牲，牺牲什么，牺牲多少？

同弱。强者中的同弱者，常挂在嘴边的一句话是"我们都一样"。这里的"同"不仅仅是同情的"同"，还延伸至感同身受的"同"。在某个时段、某个空间或者某个方面表达出与残障这一弱社群一样的感受。能感动到同弱者的点很丰富，并不局限于残障者的励志，反而更多的是被那一刻残障者的幽默、自嘲、笑容、眼泪甚至是权利的控诉和抗争等非常态化的弱击中，同时弱者会瞬间觉得高高在上的强者，是那么的柔软、细腻和真实。强者中的同弱者，大多是善良的，只是因为与残障这一弱社群的距离太远，而忽视对这一弱社群的关怀。

容弱。容，乃包容的容，是指强者中的容弱者，认为残障这一弱社群本该与所有人一样在同一片蓝天下，共处一个空间，享有福利和保障，共享基本的权利。与同弱者不同，强者中的容弱者，不会再因为瞬间的感动而对残障者表示友善，而是长时间与残障者同处一个空间，并不觉得有何不妥或异样，譬如：教育阶段的残障学生，就业阶段的残障员工等。但强者中的容弱者，一旦触及其私益或者发生纠纷，残障弱社群的弱，会被其迅速以同弱者的话语逻辑"我们都一样"所掩盖，或是其迅速离开，自认倒霉。

扶弱。扶弱伴随着助强，强者中的扶弱者，其内心首先承认弱社群的人是有力量的、有能力的，只是需要"扶"一把，需要在法律、政策等方面去改善和完善。1999 年 1 月 1 日《南方周末》新年贺词"让无力者有力，让悲观者前行"，充分体现了强者中的扶弱者铁肩担正义的精神和气魄。强者中的扶弱者，在与弱社群的互动和影响中，是最具热血的，也最容易产生挫败感和无力感。一方面，他们深知弱社群的弱是环境造成的，不能归咎于弱社群的个体；另一方面，他们也被弱社群里的"阿斗们"拖累，甚至遍体鳞伤。强者中的扶弱者，在强者社群中同样也是少数和弱者。

敬弱。比起前面的八个弱，强者中的敬弱者，或许是唯一面对残障弱社群，没有居高临下携一股救世主气势的强社群的人。他们对"弱"的敬畏，与残障弱社群的"残"直接相关，来自他们对所有"弱者"的敬畏，更来自他们对自身的敬畏。他们敬天敬地敬鬼神，他们敬事敬人敬自我。似乎如此，强者中的敬弱者，最容易分辨，但事实上，他们隐藏、浪迹、隐秘在前面的八个弱之中，几乎无法辨识，偶尔显露痕迹。

以上九个动词 + 弱的组合，是以强者和强社群的视角，看强者与弱者的关系，依然可以选择更多的动词与弱搭配，组成强者中的某弱者。还包括但不仅限于：

类弱。"我也残"是强者中的类弱者最爱使用的，眼睛近视、脚崴腿折、糊涂犯晕等情况下，把自己类比为弱者，故意暴露自己的弱点，以此加强与残障弱社群的关系。

连弱。刻意塑造与残障这一弱社群的连接，多以肢体语言见长，譬如蹲下与轮椅人士合影，对心智障碍者竖大拇指，拥抱听障者舞者等，最常见的传播介质是照片。

挺弱。隔空挺弱，打嘴炮，大众是只闻其声挺残、挺弱，残障者是不见其人。他们需要在自己的强者社群里塑造自己的挺弱者形象。

助弱。"助"字在现实生活中用得最多，不再解释。出现的新状况，是施助者的主体发生了变化，在非残障的强社群之外，增加了残障弱社群中的残障强者和残障者家长。

慕弱。慕弱，在残障弱社群里，可以理解为慕残。这样的专业术语，不再赘述，请自查。

……

看强和看弱的七十二变，不同之处在于，看弱的七十二变中九个动词 + 弱，可以用"类"划分，能够勾勒出具体个体的形象。而看强的七十二变中九个动词 + 弱，是混淆在一起的，不是某一个或某一类的形象，往往其中的几个组成不同搭配，集中体现在某一个人身上，或者在某一时刻、某一阶段同时出现在某一类人身上。

至此，以上无论选择哪一个动词 + 弱进行组合，分别从残障者主体和非残障者社群出发，在一定的时代背景下，通过残障者个体之间、残障者个体与残障社群、残障社群与非残障社群的互动，共同促成和指向一个必然结果，即牢牢地为这个残障社群打上"弱"的标签。

年度残障权利事件，从发起之初，就在残障弱社群这个土壤和所处的环境中破土而出，即便是以《公约》第八条提高认识为基础，去改变媒体的报道态度和框架，其先要面对的依然是"弱社群"这一不争的现实。解开年度权利事件"没落"的谜，无法回避也需要首先认清残障"弱社群"

的本质。

2. 解谜：强标识

垂死的病人，注入一针强心剂，只能缓一时的命；饿了多日的人，一顿饱餐后搞不好还会撑死。如果残障这一弱社群，下一剂猛药，且不说是否有这样的猛药，即便是有，或许同样非死即伤。然而，年度权利事件，从发起之日起，就注定是一剂猛药。"年度中国残障十大权利事件"，仔细忖度这名称，直接采用十大"事件"，而非十大"新闻"，前面更是冠以"权利"两字，摒弃了"新闻""发展"等。高举着权利的旗帜在中国的民间社会各种撩，这一做法，如此之明目张胆，不能不说，这药下得够狠，这胆壮得够大。然，事事皆有因由。

2.1　模糊和异化的权利

何为权利？权利的定义是什么？康德在《法的形而上学原理：权利的科学》一书中谈道："问一位法学家'什么是权利'，就像问一位逻辑学家一个众所周知的问题'什么是真理'同样使他感到为难。他的回答很可能是这样，且在回答中极力避免同义语的反复，而仅仅承认这样的事实，即指出某个国家在某个时期的法律认为唯一正确的东西是什么，而不正面解答问者提出来的那个普遍性的问题。"[1]

权利一词的英文为"right"，从词源上来自拉丁文 jus。权利是一个既复杂又简单的词汇。了解中西方已有的权利理论，由于理论建构的出发点

1　康德：《法的形而上学原理：权利的科学》，沈叔平译，商务印书馆，1991，第 39 页。

和视角存在着差异，对权利的解释还未形成一个确定的、没有任何异议的定论。人们往往用自由、平等、民主、人性、利益、正义等其他相关词语来为权利概念下定义。然而，这些概念本身也如同权利概念，在定义中也存在着诸多分歧、模糊和不确定性等，这就导致了概念的使用者从不同的学术立场、应用场景出发，为这些解释性概念附加条件或赋予某种特定的含义。不仅没有从根本上解决权利的内涵和本质，反而使他们的理解、论证和结论更加难以把握。中国学者张文显在《法学基本范畴研究》一书中将权利主要概括为：资格说、主张说、自由说、利益说、法力说、可能说、规范说、选择说等八种。不同的学派和学者或是从伦理角度，或是从实证角度对"权利"概念进行界定和分析，并以此来建构自己的理论体系。如果非要在不同理论中争论谁更科学、谁更严谨，并不会得出一个被普遍认同的结果，反而因为论证的起点、逻辑等的差异，导致不同理论之间的混乱和纠缠不清。

权利，这个模糊的权利呀！正是因为人们从各自的经验去理解权利，往往使权利的概念模糊而不清晰。究竟什么是权利？权利具有哪些含义……同时，模糊的权利也带给人权利理解的异化。

在伦理角度上，学者们往往将权利看作人基于道德或者超验的理由而应该享有的东西。17 世纪西方资产阶级革命时期，资产阶级思想家就高举"自然权利"和"天赋人权"的旗帜，强调权利是上帝即造物主所赐予的。其中，格劳秀斯最早把权利看作人作为理性动物所固有的、与生俱来的"道德品质"或者"资格"。康德和黑格尔等一批哲学家们将自由看作权利的本质，或者认为权利就是"自由"或者"免受干扰的条件"。生而为人，我自带权利，这一通俗的理解，现如今不用过多解释，已经植根在民众心中。在法律角度上，即便是没有法律基础和常识的人们，也会将"这是我的权利"放在嘴边。在现实中，人们对权利的理解，又会被异化为"你有什么权力管我。"权的"利"和"力"的混乱，造成权利的异化，更麻烦的是造成恐惧的产生。

一边是明知道我有的权利，一边是即使你有也实现不了的权利。如同想吃吃不上，想玩玩不了，想说说不出，想做做不到……如果我不知道，我不想，倒也罢了，但一旦知道了，又想要的时候，人们处于这样一个状况里欲罢不能时，从欣喜、渴望、抗争、无奈到恐惧，你还敢提权利吗？

残障，这一弱社群，社群内部自身对比，对于权利的理解，更乱也更杂。

说乱，乱的根源还在于对权利的理解。有的人要利益，如边沁的理论，权利的基础是利益，权利来源于利益，所有义务都是为了促进某个人的利益，离开利益，权利为空。残障者期待政府给的好处越多越好，视之为福利保障。有的人主张，拥有某项权利就是针对某人某事提出某种要求，并且要求通过法律予以承认，在其利益可能或已经受到他人干涉与侵犯时，有权利寻求法律保护，提出终止侵害的要求。残障者，尤其是残障者的家长，主张"我要上学""我要融合"，还有的人要尊严、要自由、要民主……

谈杂，仅是按照中国的残疾分类标准，每种残障类别的权利诉求就各不相同。同是无障碍，肢残者要物理无障碍，视障者要信息无障碍；同是教育权，视障者要参加普通高考，心智障碍者要义务教育阶段的融合；同为就业权，肢体、听障者要同工同酬，视障者、心智障碍者要开发就业岗位，老年残障者又要求提前退休……

残障，这一弱社群，相比其他弱社群，对于权利的理解，更早也更晚。

说早，早在 20 世纪 80 年代，时任中国残联主席的邓朴方先生就获得国际"人权奖";而 1995 年北京召开了第四届世界妇女大会,进而推动中国妇女权利运动的发展。

谈晚,晚在残障者的身体和心智上的挑战,自然在行动上落后于其他少数社群,就算去争取,残障者们不能跑、看不见、听不清、说不出、想不到……

残障,这一弱社群,将其置于社会层面,对于权利的理解,更少也更多。

说少,少在"吃人的嘴短,拿人的手短",权利成了实惠的利益,残障者所要的权利被现实满足的既得利益压制住。全社会都在关爱残疾人(可以写成残疾人),此刻再去要权利,会被视为不懂事、不合群、不安分……

谈多,权利要分谁要,残障者要权利不行,要非残障者代表才行。权利这套话语体系,在非残障者嘴里越来越被用得如鱼得水,而权利的主体或者说有资格的残障者,请靠边站。另外,更为有意思的现象是,非残障者一定要找一个残障者出来替他们用权利的话语体系来说话,"以残治残"的情景正在蔓延,多多不益善。

乱拳打死老师傅,模糊的权利,就这样在残障这一弱社群身上异化。

2.2　清晰和统一的权利

事实上,权利,这一概念被人们实际使用的时候,才不会如学术研究般辨析得那么明确的,人们只是感受"权利"这一词语带给他们的无限的想象和期盼。他们也不会时常挂在嘴边,往往是日常生活中遇到一些挫折、冲突和无奈的时候,从脑海里蹦出这个词语。哪怕是再严酷的社会环境,权利在普通老百姓的心里,却又是清晰和一致的。

在应有的权利上,民众对权利的理解是一致的。这是我称其为人的权利，是我作为社会主体中人的一员的主体资格，是伦理意义上的普遍价值的人的体现，是我作为人的不可遏止的权利需要和权利本能。即便是心智障碍者，即便他们嘴里说不出来"权利"两个字，但他们是可以用其他方式表达出这个"我要"的意思。残障者在强调拥有某种权利时，是其在表达个体的独立、自由，并不以他人认识的自己的行为能力是否欠缺而有所减少，同时，也不涉及和损害他人利益或公共的规范，是我为人就具有做这件事情的权利。这应有的权利，是个体在生存和发展中的基本需要；是人类社会所普遍具有的正义原则和价值伦理；是在法律形式出现之前就存在的，是先于法律上的权利而存在的，是构成法定权利的价值原则和基础。应有的权利，民众是清晰的。

在法定的权利上，民众对权利的理解是一致的。这一点恐怕是最有争议的。首先，不是所有人的全部的应有权利都能上升为法定权利。从应有权利向法定权利的转化过程中，难免受到社会中其他因素的影响和限制，同时也要经过一个选择乃至斗争的过程，才能使应有权利得到法律的支持和确认。其次，应有的权利通过法律转化为制度化、法律化的权利，被社会中主流的价值观念所接受，得到统治阶级在法律制度上的认可，因此具有了法律权威和效力。最后，那些应有权利无法通过法律转化为制度化、法律化的权利，就会成为妨碍人的价值的充分体现，甚至会对个体的尊严、价值、需要等带来伤害。那么，法定权利，这一纸面上的权利，即便是有上述三个层面的争议，但还是在改革开放之后的 40 多年里，带给民众希望。它既是依法治国的根基和土壤，也是民众的期盼。而对于残障者来说，再没有比法定权利更使残障者看到希望的了。自有中国残联，就有维权部，其"代表、服务、管理"的三大职能，首要的就是"代表"广大残疾人去维护和争取权益。残障，这一弱社群，对于应有权利和法定权利的认同和理解，想必要比其他少数社群深刻得多。

在实际的权利上，民众对权利的理解是一致的。这里的一致，是切实感受到的一致。将其变成一个问题，即法定的权利是否一定是社会成员实际上享有的权利？从理论上讲，回答当然是应然。但是，民众的实然呢？由于权利的实现受到社会各种因素的影响，如社会分层、社会排斥等会影响到某些群体成员的权利实现，法定的权利并不必然成为社会成员现实的权利。纸面上的权利，是落实在纸上，还是落实在具体的人身上呢？老话讲"吃什么补什么"，那是因为缺什么要什么，残障者知道自己有应有的权利、法定的权利，但现实生活中实际权利的获得感，再没有比残障者更加感同身受的，缺呀！既然缺，再不要，岂不是不把自己当人。

对于权利的这三种理解，残障这一弱社群是清晰和一致的。当然，对于具体的法律条文、权利的分类等肯定是不知道或者不清楚的，这也恰恰符合非法律人士对权利的认知，先知道我有权利，再说具体的，这不也正是多年来我国普法工作取得重要成果的体现吗？

2.3　强与弱的契合

借助弱社群，对"权利"的懵懂和渴望，对"权利"理解的模糊和一致，对"权利"的恐惧和期盼，不讲道理的、"野蛮"的方式插入"权利"的强标识，是一种终极目标的明确和宣告。犹如灯塔，为漂泊而迷茫的弱社群照亮方向。"权利"二字，恰似一枚定海神针，注入垂死挣扎的弱社群，大家不再各说各话，统一语言，无权利不残障。弱社群内部的分歧在"权利"这一点上达成相对稳定的平衡，在弱社群外部，也促使多元的利益诉求在"权利"这一点上形成一定程度的制衡。

"权利"的强标识注入一个弱社群，使得弱社群里更弱的残障个体，依靠社群的整体，这一"类"人共有的"权利"强标识，变成弱社群链接弱个体的共同语言。当弱社群内部的个体言必称"权利"的时候，这个社群的"弱"，变成了一种"强"。更具有里程碑意义的事件是，心智障碍者家长终于冲出家门，走入公众视野，高举起为自己孩子争取权益的旗帜。尽管家长们还在为自己孩子而不是为自己代言，尽管家长们还在为个人和机构的私益明争暗斗，但是，在非残障者的强社群里，已经开始分流出一部分人加入弱社群里，更何况这部分强社群的人又在血缘上与弱社群无法隔断。因为"权利"，人从"强"向"弱"靠近，行使"权利"的结果从"弱"向"强"迈进。

弱社群的"残障"与强标识的"权利"相遇，共同组成一面镜子和照镜子的人。站在镜子面前，无论是残障者还是非残障者，当面对"弱"的时候，显露出原型，倚弱、卖弱、用融、装弱、扮弱、恨弱、守弱、为弱、示弱；又或，恐弱、怜弱、救弱、利弱、爱弱、同弱、容弱、扶弱、敬弱……

套用童话《白雪公主与七个小矮人》魔镜的故事，我对魔镜说："魔镜，魔镜，谁是世界上最 XXX 的人?"魔镜回答："会不会是你?"反过来，当这些"弱"，再施以"强"的标识去检验时，镜面又变成了哈哈镜，或高，或矮，或胖，或瘦……

套用笔者的名言警句"残障是人性的尺度"，残障是"强"与"弱"的应用场域，人性是"强"与"弱"的关系契合。而尺度，是"强"和"弱"的具体程度。

年度权利事件，在 2018 年，开启第二个五年进程的第一年，其"落魄"但仍坚挺的谜底，至此解开了很大一部分。自 2008 年中国批准加入《公约》的十年间，"权利"成为民间乃至全行业从业者的常识和共识。无论出于何种诉求为残障者争取权益，"权利"都成为绕不开的目标之一。不谈"权利"的残障工作，即使外表包装得再华丽，没有地基的大楼总归是要坍塌。年度中国残障十大权利事件，在设计之初，对外虽宣称是媒体监测，实则是营销"权利"，普及"权利"。每年均选取媒体公开报道的事件，以回避现实生活中我们发现却又无法曝光的个案，以降低营销"权利"时缺少真凭实据的风险。统称为残障，不分残障类别，以此聚焦"权利"而不会因残障类别的多元而分散焦点。事件评选后的一系列解读，参照《公约》的相应条款，以诠释和进一步普及残障者的具体权利。

弱社群与强标识，谜虽解，但事远未尽。的确，年度权利事件的疲态，在 2018 年已显。而这其中的缘由，待到未来再行破解。

3. 符号学视角下的隐喻

以往的行动研究，停笔于此，待学者进一步的跟进。然，残障研究的跨学科、多学科建设，最大的障碍恰恰是如何穿透各自圈地的学科。故，笔者斗胆尝试抛砖引玉，将所学之皮毛，借笔者对残障领域的观察和理解之一二，提升至学术研究的视角和方法论，以期引出更多专业的批驳和研究撰文。遂有本文之以下部分。

歌德说过："生活在理想的世界，也就是要把不可能的东西当作仿佛是可能的东西那样来处理。"[1] 前文所论之弱社群和强标识，一方面，可以理解为笔者作为行动者获得的实践思考和总结提炼；一方面，也不回避笔者个人的主观臆想和自娱自乐，期待把不可能的事情按照可能的逻辑去解释。

---

1 转引自卡西尔《人论》，甘阳译，上海译文出版社，2004，第84页。

另一方面，如果用一种学说和方法论去解释笔者的行动和实践，或许也确有"歪理邪说"之价值。

3.1　残障和权利是符号

卡西尔说："人是进行符号活动的动物。"[1] 马克思说："人的本质是一切社会关系的总和。"[2] 语言是人类思维和交际的基本工具，语言是有符号性的，语言、符号使人与人之间产生联系，形成关系，从而使人成为社会的人。

马克思主义的观点认为，人与动物的最大区别就在于人会制造和使用工具，动物使用的是信号，而人发明的则是符号。信号只是存在于物理世界的一种自然存在物，信号的意义所指的是单一的现象，与信号对应的只是个别的或确定的事物；符号是人使用的表达意义的工具，属于人的思想世界的内容，只有人才能使用符号进行抽象的思维。卡西尔在《人论》一书中明确指出："没有符号系统，人的生活就一定会像柏拉图著名比喻中那洞穴中的囚徒，人的生活就会被限定在他的生物需要和实际利益的范围内，就会找不到通向理想世界的道路。这个理想世界是由宗教、艺术、哲学、科学从各个不同的方面为他开放的。"[3]

符号学，这一学科诞生于一百年前，是有关人类社会的符号产生、理解、运作的一个较新的研究领域。国际上一般认为符号学有两个来源，一个是以语言学为基础的瑞士语言学家索绪尔，其本质是语言学。另一个是以逻辑研究为基础的美国数理逻辑学家、实用主义哲学家皮尔斯。皮尔斯

1　卡西尔：《人论》，甘阳译，上海译文出版社，2004，第 37 页。
2　马克思：《马克思恩格斯选集》第 1 卷，人民出版社，1995，第 86 页。
3　卡西尔：《人论》，甘阳译，上海译文出版社，2004，第 57 页。

的符号学是建立在对普通符号研究的基础上，表明世间一切事物都可能在一定情况下成为符号。一个完整意义上的符号由符号本身、指代对象和解释项三部分组成。在他们之后，符号学才逐渐形成为一门独立的学科。笔者更倾向于皮尔斯的学术研究。

在《皮尔斯手稿》中，皮尔斯给出符号的定义："对于符号，我的意思是指任何一种真实的或复制的东西，它可以具有一种感性的形式，可以应用于它之外的另一个已知的东西，并且它可以用另一个我称为解释者的符号去加以解释，以传达可能在此之前尚未知道的关于其对象的某种信息。"[1]这个定义包括了皮尔斯符号学的核心，即"符号三元构成说"，这一学说决定了符号意义的生产与传播是其符号学理论的中心视阈。皮尔斯认为，任何一个符号，无论它与其对象的关联是自然的还是人为约定的，都必须以"在解释者心中产生一个解释项"作为必要条件，否则它就不是一个符号。换言之，任何一个事物都可能被视为符号，也可能不被视为符号；这只取决于解释者是否把它当作符号来理解。更为重要的是，解释者对符号意义的解释，又必然是面向传播与交流机制的。依据皮尔斯的理解，解释项是解释者心中所产生的新的符号，而这一符号同样可以产生新的解释项。这样一来，符号表意过程就是由一个符号到另一个符号，永无止境的意义延展行为。那么，我们可以认为，符号的意义并不存在于符号本身及其结构之中，而是在符号使用者之间的传播过程中才能产生。

"残障"和"权利"这两个概念，笔者也理解为文字符号。按照皮尔斯的观点，人所创建的概念，其清晰度是不一样的，在他的《如何使我们的观念清晰明白》一文中，引入了概念明确程度的三个层次。

---

1 乌蒙勃托·艾柯:《符号学理论》，卢德平译，中国人民大学出版社，1990，第18页。

一、不需要任何分析和研究，概念就为人所知和使用。

二、从概念的组成部分入手，看每一部分的清晰度。通过分析，看看是哪些要素使此观点可以使用。

三、从对概念所涉及的事物可以想到的实际效果的清晰度看，这里的思考会引入推理。

当我们解释"残障"和"权利"这两个符号时，解释项很顺畅地得出"弱"和"强"的感受和认同，甚至都不需要过多的解释。符号、指代对象和解释项，在一个闭环里得到充分的自证，即便是"残障"各有各的"弱"，"权利"的"强"也各有千秋，但大体上不会有异议。我们并不担心在发起"年度权利事件"后的演绎过程中会产生任何歧义。由此，在封闭的闭环里，肆意的往返运动不断地产生，弱社群要依靠强标识去实现不可能的事情。

3.2　残障和权利是隐喻

亚里士多德在《修辞学》卷三中说，只有从隐喻里我们才能最好地把握新鲜事物。

何为隐喻，是生活中常见的一种比喻，一种生动的源自生活的表达方式。当今认知科学认为，隐喻是人类对抽象概念进行认识和表达的重要手段，隐喻已经由在修辞学中充当语言形式上的修饰物的地位上升到一种重要的认知方式，是人类语言新意义产生的根源。黑格尔认为："每种语言本身就已包含无数的隐喻。它们的本义是涉及感性事物的，后来引申到精神事物上去。……但是这种字用久了，就逐渐失去隐喻的性质，用成习惯，引申义就变成了本义，意义与意象在娴熟运用之中就不再划分开来，意象就不再使人想起一个具体的感性关照对象，而直接想到它的抽象意义。"[1]隐喻是人类思维加工后的产品，渗透着人为的痕迹，隐喻背后映现出人类通过类推这一工具对世界的建构和认知。隐喻之所以会发挥如此巨大的作用，是因为人有自身认知的局限性，而且无法突破这种局限。

隐喻是语言现象，而语言又是最典型的符号系统，因此，隐喻问题与符号学就有着天然的联系。隐喻是介乎符号、现实和思维之间的，既反映了语言本质又反映了人类思维机制的动态过程。隐喻不是预先存在的，而是在语言交际的动态过程中产生的。隐喻的生成过程就是认知主体参照熟悉的、有形的、具体的概念来认识、思考，经历新鲜的、无形的、抽象的或难以定义的概念，形成一个不同概念之间的相互关联的认知过程，在本质上是用一个符号去解释另一个符号、一个符号解释为另一个符号的过程。而符号是意义的物质载体，隐喻意义是接受者通过对符号意义的解读而最终产生的。而且一经被阐释为隐喻的意义不是固化不变的，会随着隐喻的被普遍认同由隐喻变成符号的一个意义。意义是复杂的。

"残障"和"权利"是符号，也是隐喻。在我们应用"残障"和"权利"这对符号的过程中，明确各方对"残障"和"权利"有认知差异。造成这种差异的原因是多方面的，如个人的经历、学识、价值观、社会常识、经济条件等因素，这种特征差异是绝对存在的，并且是处于一种动态发展的进程当中。也就是说，同一个符号使用者随着时间的推移和经历的丰富，会发生相应的变化，同一个符号使用者在自身发生变化的时候，对同一个对象可能会建构出不同的隐喻；不同的符号使用者，对同一个对象可能会建构出不同的隐喻。然而，这种差异落实在"残障"和"权利"的本体上，和喻体"弱"与"强"，这种相似度又很容易理解和发现，符合符号使用者

---

1 黑格尔：《美学》，朱光潜译，商务印书馆，1979，第31—32页。

的心理假设和预期，以此消除了语义的冲突和歧义，"指桑骂槐"近乎"指桑骂桑""指槐骂槐"，还不受语境的限制。这是隐喻的相对稳定。隐喻的不稳定和变化，在"残障"—"弱"和"权利"—"强"的建构过程中，之前的论述中又被演化出各自不同的弱对弱、强对弱、弱对强的表现，除了用类型化进行分类之外，也使用了隐喻的手法，解读生涩而难以表达人物形象。而这些是未来的行动研究中需着力实践和思考的。

"残障"和"权利"对应的"弱社群"和"强标识"的隐喻，同样在一个闭环里进行碰撞，起点和终点，本体和喻体，都清晰可见，唯有形成的过程是"隐"的。也正是隐喻作为一种复杂的语言现象，作为思维的工具，体现了形式的多样化。

3.3　权利的传播论

通过学习，笔者发现符号学和隐喻学，在国内所做的研究还有待进一步的发展，但均与传播学有紧密的联系。2018 年，借年度权利事件这一传播产品的解谜，对"弱社群"和"强标识"所做的论述，笔者试图站在传播学的大方向上，去感悟和理解符号学和隐喻学带来的智慧，故做以上记录。此刻，再去理解"权利"，笔者得出权利理论在传播学上的结论。

1. 权利的表象，是关注。关注要有对象的，是谁在关注、在关注谁的问题，也就是权利的主体和客体。没有对象的关注就不可能产生权利。自己放弃了自己拥有的权利，或者自己独守自己的权利而漠视他人权利的被侵害。关注就是关注表象。权利呀，难以言表，当权利一旦涌动到表象，从不确定的权利变为确定的权利，就一定会被关注。

2. 权利的表面，是能量。权利是一种力量，但这种力量不是被能量储存起来，而是需要能量的释放。能量由里及表，形成突破的时候，就会聚焦在表面，如同水滴形成的张力，一触即发。权利的表面，是现实生活中每个人的感受，没那么深刻，甚至对权利的理解更为肤浅，这种感受一旦聚集起来就叫民心或者民意。反之，表面的、敷衍的权利，也会停留在表面，同样也被民众真切感受得到，反对的能量一旦在表面上聚集，危机也就将至。

3. 权利的表达，是公开。权利强势的一方需要公开的表达，一方面，他希望人们认可他的表达；另一方面，他一定觉得自己的表达是正确的，有目标的。权利弱势的一方也需要公开的表达，一方面，他们选择表达的方式或许是沉默，表达的沉默和沉默地表达，前者是放弃表达，后者则是用沉默的方式表达；另一方面，他们也在通过公开的方式，寻找同类。

4. 权利的表现，是集合。权利表现在某一个具体人身上，是私益，这种私益聚少成多，形成集合，就成为一部分群体或者某一类社群共同的公益，只有集合起来的利益诉求，才能得到当权者的重视和处置。也正是因为社群的集合，才使得某一个具体的人所受到的权利压力得到释放。

权利的表象、表面、表达和表现之"四表"，是权利理论从传播学视角的传播论构成。2018 年，在年度权利事件部分的行动研究，也就此告一段落。如释重负的同时，总感到行文中的逻辑和知识漏洞百出。但错无妨，没有错，怎能引出研究者的批评和深入？

年度权利事件，弱社群配强标识，阴阳转化中行自然之道。

听障群体中的口语使用者现状浅析

文 / 朱轶琳　金玲 *

因　缘

写这篇文章的时候，我的脑海里始终闪现 100 年前海伦·凯勒的那句话：

假如有来生，你更愿意成为盲人还是更愿意成为聋人？

我接触过盲人朋友，他们出行不便，也看不到五彩斑斓的世界。绝大多数人也会认为：聋，是所有残疾类别中障碍程度最轻的一种。然而，同时体验过两者的海伦·凯勒却说她更愿意做盲人，这曾让我百思不得其解。不同的残疾对生活所造成的影响各有不同，因此从某种意义上说，聋与盲之间确实没有可比性。但是，我还是想从"隔断了人与人之间的距离"这个角度，来聊聊自己对听障群体的看法，以及因为听不见或者听不清所需要面对的一系列问题。

* 朱轶琳，北京市西城区残疾人联合会职业康复中心副主任科员，听障；金玲，北京市方志馆文献编研部主任科员，听障。

  我是一个有着先天性重度耳聋的"80后",出生时就跌进了无声世界。右耳几乎没有残余听力,左耳平均听力是 95 分贝,即使配戴了大功率助听器,我听到的一切都是左声道,还是残缺的左声道。这样让人悲伤的听力情况使得我的人生被设定了限制。

  我的求学之路艰难很多,就业之路也并不那么顺畅,生活工作中方方面面都有看不见的隐形困难,更重要的是还要时刻忍受由于沟通的不顺畅所带来的孤独、郁闷、焦虑,以及耳鸣、眩晕这样的不良生理反应。

  一个家庭在重大变故前的选择,往往能从中看到时代与社会的投影。

  我很庆幸自己出生在 20 世纪 80 年代,国家刚刚进入改革开放时期,并且生在一线城市。我的父母只是普通的工薪阶层,但他们比别的相对贫困地区,可以接触到更多社会支持资源;也有更丰富的知识,特别是医学知识。要知道,在那个年代,能够认识到"感音神经性耳聋是当前医学上无法治疗的绝症"有多么艰难。即使在今天,多数家长能很方便地检索到信息,他们中的一部分人也依然会抱有将孩子的听力恢复到正常的一丝期待,而将时间和金钱花费在治疗的无底洞中,以至于孩子耽误了最佳黄金学语期(3 岁前)。那时是 20 世纪 80 年代中期,我父母薪水有限,仍然省吃俭用东拼西凑,花了 300 元为我选配了单侧助听器。我能听到声音后,教我说话又成了一个大难题。那个时候没有专业的康复中心,只有家庭式"野生康复",我在父母的帮助下,通过摸喉咙、看唇读、用手模拟舌位的方式,逐步学会了发出声音,开口说话。

  学会说话,成为我人生中最重要的分水岭。因为有了这点听说能力,我没去特殊教育学校,而是在普校随班就读。由此能够奋力摆脱"聋哑"

的标签，脱离一切和"聋人"有关的世俗固有印象与偏见，走一条当时鲜有人走的路。这条路充满坎坷与荆棘，不仅有听的障碍带来的信息障碍，更多的是社会偏见与世俗观念带来的排挤和边缘化。我和我的父母在不断和世俗观念抗争的过程中，遍体鳞伤，也曾经万念俱灰。但这段艰难跋涉，也使得我内心强大，很多事情不轻言放弃；父母竭尽全力的保护，也造就了我阳光的心态。

多年以后，从事残疾人工作的我，看到很多像我一样遭遇的人，在人生的岔路口上，或者是主动选择，或者为形势所迫，各自走进了密林中的两条道路：一条叫作手语使用者，一条叫作口语使用者。此外，还有人在两条道路上，游移其间。

在生命中不同阶段，人的听力语言功能都有可能因病受损，依其损失时间的早晚（语前聋、语后聋、突聋等），时间长度（听觉剥夺），损失程度（轻度、中度、重度、极重度），所造成病因（先天性、后天性）的不同，听能会呈现出巨大差异。但目前我国有关制度中尚未出台明确的听力残疾人群细分标准，因此姑且以口语和手语来简单界定。对于听力残疾人来说，在习得语言时的各异选择，造成了他们的主要语言和沟通行为有了颇大的差异，从而自然分化为手语和口语使用者两个群体，这是一种沟通方式的划分，也是身份认同和文化认同的划分。

听障口语使用者的形成

首先，我国听障口语使用人群的出现，有其特殊医学和康复学背景。近三十年来，国家对听力康复的高度重视，早发现、早干预、早康复的理念已深入人心。民政和卫生部门宣导婚前体检，公立医院普及新生儿听力筛查，使用基因检测技术，引入了 CT、核磁共振扫描等新的诊断技术，专业语言康复机构初步覆盖了从儿童到成人需求，多种层级的公益组织逐步建立，形成了相对完整的救助体系。这样，越来越多的先天性听损的孩子，最迟在学语期时，就能够通过助听器或人工耳蜗聆听到外界声音，没有错过早期听觉刺激，他们的大脑也就能够及时发育出获取声音信息和发展有声语言的能力。这种使用有声语言的能力，使得他们在融入主流社会时的能力相对强一些。这一个个早期案例，也鼓励着越来越多后来的听障婴幼儿家长，知道当孩子出现单纯听力问题时还有一个手语之外的选项，就是凭借助听器、人工耳蜗等辅具，进行听觉和语言康复训练。这是先天性听觉损失的口语人群的产生由来。另外，随着社会发展的压力增大和人类生理原因，一部分成年健听突聋、老年性耳聋的听障人士，原本的生活中就没有手语，也慢慢接受了出现听力损失后及时选配助听器的观念，也成为听障口语使用者的重要组成部分，而且是"沉默的大多数"。

其次，训练聋儿学习有声语言，虽然艰难但是能够做到。汉语语音中有很多声音分布在中高频部分，而高频部分听力受损的孩子，感知不到这些声音，只能通过父母和老师粗糙的讲解来观看、触摸、感受、模拟这些缺失的语音。就像拄着拐杖行走，滚着轮椅奔跑，牵着导盲犬在人潮汹涌中寻找某个位置；走上口语康复这条漫长而孤独的隧道的听障者，要在千千万万敲击着耳膜刮擦着脑仁奔驰翻滚呼啸而过的坚硬而粗糙的声音碎片中，努力触碰到，那一片轻盈透明的蝴蝶翅膀。

他们的口型可能会夸张，音调可能会变形，语速或许快到好比驾车，又可能艰涩到如同爬山，说话的节奏平平一片仿佛不知抑扬顿挫为何物，平翘舌有时不分家，发"乌"好像含着一口水，读"一"好像被吞掉了。他们有时候被提醒"大舌头",有时候被怀疑为"外国人",有时候被训斥"说话态度要端正"。其实,言语病理学专家将这种现象命名为"病理腔调",这是由于听觉或发声器官功能受损,导致发声人的语音出现扭曲。要知道,他们戴上助听设备后,耳边绝非寂静一片,而是模糊、混乱以及清晰的声响在交缠错杂,仿佛在阅读复印质量参差不齐的文稿,有的笔画干净,有的地方是重影,有的墨色淡若无物,有的关键部分是空白,有的甩下了一大团墨块。听障口语使用者要让大脑校正所听到的不完备的语音,还要尽可能准确地模仿学到的正确语音,其艰难可想而知。

最后,不同的人的生活理念差异很大。有的人由于父母只接受自己的孩子"必须会开口说话",学习口语是最自然的选择;有的人是生命中途出现听力损失,咬紧牙关也要在原来的生活轨道上走下去。

这样的人越来越多,"听障口语使用者"的概念就慢慢浮出了水面:他们可以听到相当一部分声音,可是不能像戴着眼镜的近视一样仍然远近自若;他们能使用口语,可是有不同程度的语音变形。

听障口语使用者头顶上的玻璃天花板

听障口语使用者即使突破了听能康复和口语习得的重重迷雾,还可能迎头撞上社会大环境的玻璃天花板。这堵天花板看不见,摸得着,它从我们的心里一直延伸到更远的地方。

第一,口语使用者自身定位游移不定,身份认同模糊不清。

绝大多数口语使用者认为"聋"只是完全失聪、没有口语交流能力的人。而他们自己能说话,能听见一些声音,所以,他们觉得自己和那些打手语的"聋人"不是一类人。同时，部分手语族也从"聋"的另一个侧面来解释，认为"聋"意味着一定要会使用手语，不会手语的那些口语使用者，也非我族类。这样，两者就很难沟通和交流到一起，这是听力残疾人群内部的身份认同矛盾。

有部分听障口语使用者则走到了又一个极端，不认为自己是"聋人"。这种看似"身残志坚"的心态，使得我们很多成年听障者和一些听障家长，拒绝这方面的身份认同，甚至否认听力残疾带来的障碍。他们会从其他方面，比如学习不够努力、工作不够认真、专业水平达不到碾压性优势、不懂察言观色、缺乏沟通技巧等等来驱策自己。以上种种，本质上是"唯个人能力论"，虽然从康复角度来说有一定可取之处，不把自己当作残疾人，才愿意努力突破障碍和自身极限。但是，将口语使用者在人生发展中遇到的种种障碍完全归因于个体和家庭"不够好"，忽视了政府和社会在残障问题中应当负起的责任。这是残障观念仍然停留在慈善模式和医疗模式导致的身份认同障碍。

第二，受制于"听障污名化"这一社会观念带来的压迫。

近年来，助听器的体积越做越小，功能也越来越强大。部分中轻度的口语使用者在助听器的帮助下，可以隐藏起自己的助听辅具。这一部分听障者又出于自我保护心理，在谈话中，不敢向别人公开自己的听力问题。然而在具有挑战性的聆听环境如噪音、远距离下，会因为听力补偿不足，导致信息缺失或判断失误，从而让沟通效果打了折扣。产生了沟通障碍后，其他对话者就自然而然把那些打岔、错听行为，归罪于对话中的另一方——听障者，认为对方智商不在线、情商太低、沟通态度欠佳等，强行让听障者承担沟通失败的责任。一些听常人还由此产生了"听障都无法正常沟通"的刻板印象，并且扩散到其他听障者身上。这是听障者主动遮掩听损问题，以致沟通链条破损，从而形成的社交障碍。

和中轻度听损的口语使用者不同，我身为重度听损口语使用者，倒从来不去刻意掩藏自身的听力问题。然而令人尴尬而无奈的是，大多数情况下，我还没来得及解释，别人就已经给我打上了标签："看！这人架子太大，太高冷，不好接触！"或者："我的话难道他没明白吗？他不是能听见吗？怎么没反应？"我还要花很多时间来替自己"洗白"。这是已有的社会观念不了解听力损失，听障者被迫背锅，因而造成的社交障碍。

第三，社会支持沟通无障碍的方式过于单一。

一提起适配听障者需求的信息无障碍，绝大多数听常人或者其他身障者可能第一反应是"手语"，我也被多次询问会不会手语。一开始，我也有些窘迫，因为自己确实不精通手语。并非歧视手语，而是我的大部分生活和工作中都用不上它。而语言技能是用进废退的，如果不经常使用，一定会被遗忘。同时，我接触的相当一部分口语使用者甚至对手语很反感，认为手语的公众形象过于显眼，挡住了他们的机会。认为听障者要么只使用手语沟通，手语是所有听障者的通用语；要么他们可以通过助听器补偿到和听常人一样，不需要任何辅助；这两种观念都太极端，已经不符合时代发展现况。

其实无障碍沟通的合理辅助渠道远不止于手语翻译一途，下一节中，读者就能看到丰富多元的听障口语者们能使用的无障碍辅助手段。

听障口语者需求的解决思路

前面分析了听障口语者的三大天花板，那么这些天花板有击破的可能吗？我们不妨从下面三个角度一层一层来尝试。

一　澄清、整合听障口语者身份认同定位

第一层天花板是"自身定位游移不定，身份认同模糊不清"。对口语使用者的听觉与口语障碍的描述，大部分时间不得不依赖于听常人的初步认识，就比如前文提到的"外国腔调""大舌头""鼻音重"，能够认识到是"听觉的缺失导致了口语的模糊"，已经非常难能可贵了。既然连最基本的对听觉障碍的认识，都只能流于表面，那么不但单个口语使用者们描述自己的困难时仅及皮毛，而且各个口语使用者们也深潜水底，独自一人与四周弥漫的灰雾进行漫长而艰难的战争，如同被隔绝在茫茫大海上的一个个孤岛。

如果是普通人，而又对肢障人群没有太多了解，绝大多数人可以通过轮椅、假肢、拐杖、助行器等，知道肢体障碍的麻烦在于无法自由移动身体，或者做不了很多精细动作；如果对盲人人群没有太多了解，普通人也可以通过盲杖、助视器、导盲犬、读屏软件、盲文书等，知道视觉障碍的困境在于空间、距离、形状、色彩等物体信息的感知。然而，亲爱的读者，在陌生人来来往往的街道、写字楼、校园、医院里，你光用眼睛观察，如果不通过打手语的行为，能指出身边的听障口语使用者吗？太难了。

听力损失和肢体、运动、视力等机能缺失相比，有个特殊之处：坏掉的仅仅是内部零件，外观一切如常（外耳畸形除外），辅具本身体积又小，可以用耳廓、耳道和头发遮挡，听障口语者们也拥有过得去的口语能力，不必或者不会打手语。在生活中，如果听障口语者不需要参与一对一或者多人对话，不需要"偷听"他人对话来获取至关重要的信息，那么听力损失可以一定程度上隐形。于是，相当多的口语使用者为了减少无谓解释而耽误的时间，或者说是为了避免在激烈的社会竞争中自曝己短，他们决定

在现实社交中不主动提及自己的听障缺陷（即"深柜"），用头发遮住助听器，或者讲究人工耳蜗外机要用一体机，同时对外声称"我仅仅是听得不好，说得不太利索，别的我都能做"。

与现实中的沉寂大不相同，QQ 及微信群、贴吧、论坛等网络社区，反而成为听障者的发声阵地，键盘侠、键政党也大有人在。但是七嘴八舌你来我往中，自身的认知却没有统一，还仅仅停留在浅层面，或者歧见丛出。相比于其他残障类别，听障口语者在成熟的残疾人自组织中非常少见，即使有，绝大多数也属于听障儿童家长领导的组织。这都使得听障口语者长期以来凝聚不到一起，如同一盘散沙。

如果连当事人都无法直面问题，那么无论是官方统计，还是口语者自身，都必然是对这个群体的比例、定义等，若明若昧，听障群体的一大部分就此隐匿不见，公众也就慢慢滋生出一种"听障 = 绝大部分无法说话 = 都用手语交流"的偏见。

前面的两部曲发布后，有很多读者反馈自己是语后聋、突聋、语前聋等，我很欣慰他们开始愿意主动说出自己的听损发生时间，这就是正确认识自己的第一步——了解自己，并且能够去接受这样的现状，无论有多艰难，这个过程必须要经历。我也希望各位读者能明白这样一个道理，只要使用口语作为主要交流语言，无论是语前聋、语后聋、突聋，还是配戴人工耳蜗、助听器，无论是什么样的疾病导致的听损，都是听障口语者。值得注意的是，口语使用者的听力损失不一定轻，很多极重度听损者也是口语使用者。原因是，随着助听辅具技术的发展，很多在原来的条件下无法培养口语管理的听损者的听能可以补偿到及格，并进行听能康复，能够培育出口语语言能力，能够接受普校教育，并且融入主流社会中。相信随着时间的推移，会有越来越多的听障口语者会主动说出自己是听障人士（即

"出柜"），愿意亮明自己的需求，从而推动更多听障口语者学会接纳自我，认识自我，拥有更加积极、健康的心理，更能应对主流社会中各种问题。

因此，在当下，需要针对不同层次和不同需求来去精准定位，并且能够团结到一个成熟的组织中。

二　听障口语者的对外宣传

第二层天花板是受制于"听障污名化"这一社会观念带来的压迫，最典型的表现就是大众普遍认为"听力残疾＝社交能力低下"。这样的社会观念是怎么来的？要分析，就不得不提到一个新的观念，那就是：听力残疾包括原生障碍及衍生障碍。因为听力残疾人的障碍环境，根源于人类社会最重要的沟通渠道——语言的交流，与语言相关的种种物理环境便成为障碍的一部分。

"原生障碍"指的是各种原因导致的听力下降以至于极重度损失，这是听力残疾人面临的第一道关坎。随着医学和科技的发展，"原生障碍"可以通过医学手段和辅助器具得到一定补偿。但是在听力残疾领域，特别关键的一点是，医学手段只能帮助听力残疾人听"到"声音，而非听"清"语音，更不是听"懂"语言。从听见到听清再到听懂，这是一个非常复杂、逐级进化的认知过程。听见靠耳朵，听清和听懂则要靠大脑，具体说是靠大脑皮层的听觉中枢来完成。单纯的"原生障碍"远不足以描述听力残疾人的实际困难。

"衍生障碍"指的是由于社会支持尚未跟上，信息无障碍的缺失而带来的信息获取障碍。比如，配戴人工耳蜗的听力残疾人，在声场不理想的嘈杂环境、多人交流、远距离、电子声（广播、无图像声音、电话等）的场景下，还不能准确辨听、顺畅交流，甚至会错过以声音为载体的重要信息，这也是听力残疾人获取信息的渠道比健听人狭窄的原因之一。甚至有时还被人误会"你不是戴了助听器（或人工耳蜗）了吗？怎么还听不懂我说的什么？"。这是由于社会大众对医学康复手段寄予过高的希望，使得听力残疾人在付出了代价、配戴了辅具、满足了日常生活基本需求后，在一些特定场合发现仍然交流不畅，以致有口难言，无从自白。听力损失，加上社会支持体系的缺席，会导致本来只是中性存在的物理环境，变成了障碍，相应的社会观念，则为之雪上加霜。

听常人可以通过旁听和观察而自然习得一套高层级的社会适应力，可以帮他们实现"一耳二用"级别的高效率行为。比如：听常人可以一边听别人讲话，一边做其他事情；可以隔着房间对话，可以边听相声边做饭；会议场合下，可以同时接收多方信息；等等。然而听力残疾人由于听觉和语言能力的稀缺，恢复程度不一，进一步导致了他们在学习这种社会适应力上，要花费比听常人更多的时间。既然听力残疾人获取信息的渠道特别依赖视觉及其他辅助，比健全人狭窄得多，在此基础上习得的社交技能、表现出来的社交水平，积累起来也更缓慢；那么，他们的社会适应力也会在一定程度上落后于自己生活圈子里的同龄人，从而遭遇到或显或隐的校园霸凌、职场歧视、社交被边缘化，这在很多听力残疾人看来是赤裸裸的歧视的根源。

随着所处的社会层次的提升，听力残疾人得到的对个人能力的尊重越来越多，但同时面临的工作和社交挑战也越来越大，背负的歧视和打压同样越来越隐秘和精致，要处理的自我认同危机也会越来越难。这就是听障口语者要面临的一体四面的前路。走得越高，阻力越大，令人不由兴起"绝怜高处多风雨，莫到琼楼更上层"之叹。甚至有人还感叹说，与其抱着一点听力学会说话，还不如直接聋了干脆。前述社交缺失一说，也回应了海伦·凯勒所说的"聋，是隔断了人与人之间的距离"。当听障者从听力损失走到信息接收不完全，还有补偿的手段；如果从信息接收不完全走到社交缺失，那就离心理失衡很近了，一般的社会支持体系都帮不了他。

我真诚地希望社会大众中的健听人们，试着向你身边的罹患听觉损失的朋友伸出手，他们一样渴望与这个世界"无缝链接"。也真诚地希望更多的听障口语者，能够了解到听力障碍的多种层次和多种补偿手段，拒绝被"病耻感"所控制，也不必再过度包揽言语沟通中那些本不该自己承担的责任。所以，我们对外宣传是为了描述科学事实，让疾病仅仅代表疾病本身，让生理机能缺失仅仅说明缺失本身，撕去附着在机能损失上的种种隐含的歧视，让听障者作为平等的社会成员得到应有的尊严。

三 听障口语者需要什么样的社会支持

第三层天花板，是社会基于错误认识或者不了解，使支持听障口语者实现沟通无障碍的方式过于单一。前面说了听障口语者需要内在发展，认识自我，正确定位，然而仅仅依靠自身是远远不够的，听觉障碍者其实是一个很长很广的谱系，不仅有耳聋，还有中度和轻度听损。但是他们遭遇的困难，却远远不是听到的语音音量太小，或者听不清，或者需要手语翻译。不同的听障者在不同的环境下如何无障碍辅助和他人顺畅沟通，至今没有可以一个操作性很强的普惠性的社会支持框架。

社会支持框架与近年来热门的"无障碍"密切相关。而且有些无障碍设计理念实际超出了身障人群的视角，可以称之为"通用型设计"，是可以使全体公民实现最大公约数享受便利。比如建筑物进出口的坡道，最开始只是为轮椅人士出入而设，实际使用中，发现推婴儿车的、拉大件行李箱的、腿脚临时受伤拄拐的、年纪大了上下楼梯吃力的人们。走了坡道都会方便很多，坡道无形中变成各种人群都用得到的通用型设计，不再局限于运动障碍人群的需求。这种理念，可以借鉴到听障口语者的社会支持框架里。

（一）医学支持

不同的听觉病变有不同的解决方案。传导性听力损失的病变位置发生在外耳和中耳，绝大多数可以通过医学手段康复，比如外耳道重建术、鼓膜修补术、鼓室成形术等，配合助听器得到比较理想的解决；感音神经性耳聋的病变位置发生在内耳，医学目前唯一有效的听力补偿方案是人工耳蜗植入术（人工耳蜗属于助听辅具，需要通过医学手术进行植入）。然而遇到病变位置发生在内耳和大脑之间的，如听神经病，耳硬化症，还有内耳严重畸形等人工耳蜗禁忌证时，人工耳蜗的补偿也非常有限。如果是病变发生在大脑的，目前可能只有听性脑干植入可以搏一搏。与此同时，我们也经常听到听毛细胞重建、通过触觉刺激来激发大脑听觉皮层代偿等各种医学前沿技术，不过从理论突破到临床普及还需要很长时间，这也是广大听障者对未来医学的期待。

（二）辅助器具和康复服务支持

与医学支持不同的是，辅具支持则发挥了非医学康复的作用。助听辅助技术（包括助听器、耳蜗、蓝牙麦克等拾音外挂、云塔等声场优化设备）的进化和推广，可以增强语音，优化声场。

就拿极重度听力损失来说，目前有效的补偿方案就是植入人工耳蜗手术，但是当前在我国人工耳蜗最大的问题就是受益人群覆盖率低下。为什么？因为人工耳蜗品牌稀少，价格高昂，对植入者生理基础有一定要求，没有纳入医保，商业保险也不予支持；植入一个人工耳蜗的费用从 10 万元到 30 万元都有。虽说目前我国已出台对 0-6 岁听障儿童免费植入的政策，部分地区还出台了对 16 岁以下儿童的支持政策，但是对于成年人，政策方面的支持还是一片空白，或者必须持有某些一二线城市户口才有补助。当然这受制于我国现行的医保制度的资金缺口，也和成年听障群体的复杂性有很大关系。在美国和英国，助听器和人工耳蜗开始享受相应的保险报销，不仅限于儿童；在澳大利亚，政府出面支付并推动听障学童配备最新技术的拾音辅具。可以预期，未来的中国，人工耳蜗可以通过纳入医保、商业保险支持或政府专项资助等各种长效方式，帮助越来越多的成年听障者花更少的代价重建听力。

再以助听器为例，目前我国助听器市场引进的国外品牌产品，更新速度相对国外较滞后，价格昂贵，验配水平参差不齐，没有保险或补贴支持，监管缺失。不过令人欣慰的是，当前的助听辅具在技术上也有了新的进步，引入了蓝牙直连技术、实现与智能手机的兼容。有研究显示，助听辅具的一个发展趋势是，已经从传统听障者的专用康复器械领域，转换成为人与人之间的交流工具。

完整的康复支持框架不仅有辅助设备，还包括有效的临床检测、及时便捷的验配服务、正规的听力和言语康复、听力疾病预防等各个方面。医学停下交棒的地方，是康复和教育开始接棒的地方。目前我国儿童听觉—言语康复体系正在逐步完善，而成人这方面的服务体系，无论在政策还是实际支持，都几乎处于空白状态。这实际上也是康复行业新的业务出发点。

（三）无障碍环境支持

2008 年中国加入《联合国残疾人公约》，至今已有十年。在《公约》中，有这么一条：

> 为了使残疾人能够独立生活和充分参与生活的各个方面，缔
> 约国应当采取适当措施，确保残疾人在与其他人平等的基础上，

无障碍地进出物质环境，使用交通工具，利用信息和通信，包括信息和通信技术和系统，以及享用在城市和农村地区向公众开放或提供的其他设施和服务。这些措施应当包括查明和消除阻碍实现无障碍环境的因素，并除其他外，应当适用于：

1. 建筑、道路、交通和其他室内外设施，包括学校、住房、医疗设施和工作场所；

2. 信息、通信和其他服务，包括电子服务和应急服务。

《公约》简洁准确地说明了基于听障者需求的信息无障碍支持，亦即无障碍获取信息、通信和其他服务。据不完全统计，最受听障口语者欢迎的无障碍形式，首先是字幕，其次是人工速录服务，再次是智能语音转写，最后是 FM 辅助系统。字幕并不是什么很科幻的手段，它早已渗透到我们生活中的一些细微之处了。举一个最简单的例子，除了电视影视节目中的字幕使我们公众所理解的常规字幕，还有医院的叫号屏幕，既显示排号又显示名字，显示了当前的门诊进度，缓解了求诊者的焦虑情绪，而且能让听障人士不会错过重要的信息。再比如，部分快递公司会在派送包裹前，发送短信提示，可以帮助听障者预判快递电话，安排接下来的日程。字幕可以说是错时补充声音信息的空缺。人工速录服务、智能语音转写服务则是新兴的热门。例如在英国、韩国、美国等国高校，校方会为提出申请的听障学生配备人工速录服务，速录员的电脑会出现在各种课程中，包括你来我往的讨论班上。在我国各级残联工作会议和高等政府工作会上，也能见到速录员低头录入的身影。比如讯飞、搜狗、音书、微信等软件和应用，都提供了语音转文字功能和收费服务。这些语音转写能够辅助听障者利用全面细致的文本信息，补齐仅靠听觉获取信息的短板，同步建立更完善的信息网络。

当听障者的听能不足以应对复杂环境时，前置的背景信息（地图、短信、系统通知）、对应的文字服务（速记、语音转文字、屏幕叫号机、公告栏）和人工助理（直接设置残疾人专口）等服务，都是非常重要的，这些都是听障口语者最急需的信息无障碍形式。然而，这些无障碍形式在推广中遭遇了技术、成本、制度的瓶颈，我们仍在努力解决。比如《新闻联播》等政策性新闻节目配实时字幕风险不可控，人工速记成本高昂，语音转写的准确度会被浓重的方言口音拖累，FM 系统会被没有受过相应科普的听常人拒绝。

如果把视野放到更大的环境下，会发现在一些特定的声场环境中，听觉辨识率可以有效地提升。实践证明，如果一个建筑选择了隔音性能更好的实心砖、聚苯乙烯板等建材，对噪音源进行隔音包围的措施，某些特殊房间采用吸音材料，对敞开式的空间增设合理的隔声屏等重要指标，同时设置供听障群体使用的声场增强设备，既能使声场环境更舒适，也能帮助听障人士听得更轻松。因此，强烈呼吁相关行业对无障碍建设的标准进行重新修订，将声场环境纳入无障碍建设的标准之中。

当然还有其他更高级的社会支持体系，比如融合教育、职业康复等。但是这些内容太新太前沿，在我国仍然处于摸索阶段，暂时不在本文中展开，容俟日后探讨。

后　记

前面的内容，都是在从事多年残疾人事业和聋协工作中，与听障朋友们交流，向医学、康复专家请教，一点一滴总结出来的经验。我们深知这篇文章仍然存在很多硬伤，但是这些第一手经验，有助于澄清思考的方向，有助于相关部门、机构以及残疾人自组织开展下一步行动。

最后，还是用海伦·凯勒的一句话作为结尾：

> 对于凌驾命运之上的人来说，信心就好似生命的主宰。

在坚定信心的支持下，希望无论是使用口语还是手语，听障群体都能拥有光明的未来！

特别鸣谢

感谢张巩老师对本文予以修订和补充，感谢杨洋主席、杨绿野、崔珈瑜、陈杨、张东宇、朱吟秋等老师对本文提出关键观念，感谢池美芬老师、全铁伟老师，感谢所有听障朋友们以及关心关注听障群体的老师、听力行业从业者、医生们，感谢社会各界人士，请大家多多批评指教。

第三部分

2018 中国残障年度权利事件

2018 年度中国残障十大权利事件

文／解岩

事件一

【新闻标题】

这位外卖小哥反复挂断用户电话，然而他的一条
短信竟让无数网友泪奔

"好消息！饿了么宣布：为聋人配送员新增便利功能！"

出处：饿了么／聋友圈

日　期：2017 年 12 月 14 日

残障类别：言语障碍和听力障碍

公约核心条款：第二十七条　工作和就业　第九条　无障碍

【事件回顾】

日前，一篇《这位外卖小哥反复挂断用户电话，然而他的一条短信竟让无数网友泪奔》走红网络，网友为"饿了么"听障

外卖小哥于亚辉真诚、自强不息的工作生活态度感动之余，亦纷纷为外卖平台建言献策。之后，"饿了么"随即宣布将在骑手使用的"蜂鸟配送"APP新增发送消息和录音电话通知功能，为失聪或听障外卖小哥联系用户提供便利。针对失聪或听障人士在配送工作中面临的沟通障碍，"饿了么"产研团队结合实际配送情况，对用户端和骑手端APP进行了一系列优化。在用户端的"饿了么"APP，用户下单后，如接单骑手为失聪或听障人士，当用户点击致电骑手按钮，APP将弹窗提示配送骑手为失聪或听障人士，并建议用户使用内置即时通讯工具进行文字沟通。

【入选理由】

听障者，穿梭于依赖食物和声音的人的世界里，我们，感动和欣赏他主动发出的那条短信，去打破有声与无声的禁锢，更点赞企业和公众的改变，去突破科技与文明的障碍！字字入心，声声不息！

事件二

【新闻标题】

全盲女孩成功报名教师资格证国考，但笔试面试体检都是难题

出处：红星新闻 / 澎湃新闻 / 中国青年网

https://www.thepaper.cn/newsDetail_forward_1974294

日期：2018 年 1 月 29 日

残障类别：视力障碍

公约核心条款：第五条 平等和不歧视　第二十四条 教育

【事件回顾】

王颖是天津市静海区一名全盲女生，2018 年 1 月 19 日下午 4 点 40 多分，距离报名系统关闭仅剩十几分钟，她终于成功报名了天津市教师资格考试（笔试）。记者调查发现，在中国教育考试网上找到的《2018 年上半年天津市全国中小学教师资格考试（笔试）公告》，其中"报考条件"中一共列了 9 条，规定了学历、户籍所在地、人事关系等条件，没有提出禁止盲人报考等相关要求。在此次报名的过程中，静海区教育局考虑到她的视力状况，接下来的体检肯定也过不去，就迟迟没让她报，后来见她和妈妈确实坚持，在请示了天津市教育招生考试院之后，就同意了，但是这之后还有很多步骤都是未知，比如申请盲人试卷、面试、体检……

【入选理由】

视障者，越过一座高山又遇下一个荆棘。我们，不坐等一纸空文，不空想嗟来之食，撸起袖子加油干。这正是歌中唱到的：踏平坎坷成大道，斗罢艰险又出发。

事件三

【新闻标题】

装盲诈保案判刑 前国手哽咽"等于判视障者死刑"

出处：自由时报

日期：2018 年 2 月 15 日

残障类别：视力障碍

公约核心条款：第八条 提高认识

【事件回顾】

2009 年，当时还在读大学的前运动员陈敬铠因为一场车祸造成大脑视觉皮质损伤，失去视力。但也让他以盲人身份成为体育老师，替失明的坐轮椅的人上体育课，甚至教失明 70 岁老奶奶学会用手机拍照。近 10 年来他拼了命让自己好好生活，一步步重建生活的同时，却被检举"装盲诈领保险金"。于今年以诈欺罪定狱，判刑 1 年 2 个月。陈敬铠能自己走路到学校、能跳接飞盘、教学生打球，这一切成了法官眼中"诈欺"的证据，而对陈敬铠来说，那是他"从失败中站起来"却遭全盘否定的难堪，好好生活竟成了一种罪。

【入选理由】

视障者，是睁眼"瞎"，还是"瞎"睁眼，我不知道自己知道不知道，说了不算，法官判了才知道。于是，我们笑了，说好的励志不让啦；我们惊了，自主的生活不行啦。我们蒙了，我残了么我又是谁？假作真时真亦假，真作假时假亦真，难得糊涂！

事件四

【新闻标题】

22 年前 26 名心智障碍者被托养，协议背后是对良心的考验

出 处：大洋网，http://news.dayoo.com/guangzhou/201806/10/13 9995_52198468.htm

日 期：2018 年 6 月 10 日

残障类别：智力障碍和精神障碍

公约核心条款：第十九条 独立生活和融入社区   第二十八条适足的生活水平和社会保护

【事件回顾】

2018 年 6 月 8 日上午，在广州慧灵托养中心大厅里，这里的人们相对无言，只是默默在一位老人照片前递上千纸鹤和鲜花，以表哀悼。照片中的老人叫欧阳润升，他于 5 月 28 日在白云区太和人民医院去世，享年 67 岁。这是一个再平凡不过的心智障碍者，他的安然离世，却让一个"托孤"的故事画上了句号。22 年前，欧阳润升等 26 名心智障碍者的家人凑出 10 万余元，与广州市慧灵托养中心签订"终身托养协议"，这意味着 26 人的余生都由慧灵负责照料。这份"性命相托"的协议背后，是对良心的长期考验。

【入选理由】

心智障碍者，家人一次很久以前的选择换来一份终生的性命相托。我们，深信你若安好，便是晴天，这是一份家人的无奈与信任。我们，庆幸你若盛开，蝴蝶自来，这是一场机构的担当与豪赌。22 年如此这般，你若不离不弃，我必生死相依。

事件五

【新闻标题】

南京八岁脑瘫女童溺亡惨剧：爸爸和爷爷把她推下了河

出处：南方周末

日期：2018 年 7 月 31 日

残障类别：肢体障碍 / 脑瘫

公约核心条款：第十条　生命权　第二十三条　尊重家居和家庭

【事件回顾】

2018 年 6 月 26 日，南京江宁公安分局官方微博"@江宁公安在线"发布一个查找八岁女童尸源启事。启事显示，6 月 25 日，南京市江宁区一河道中发现一具无名女童遗体，警方悬赏 2000 元征集身份线索。但 6 天过去了，却一直未能有效查明尸体来源，6 月 30 日，警方的悬赏额被提高至 2 万元。整整一个月以后的 7 月 25 日，此事终于有了进展。该名溺水女童是脑瘫人士，其爷爷和父亲已被警方带走。下午 7:11，南京警方发布通报称，女童是被其父亲和爷爷推入河中溺亡的。

【入选理由】

脑瘫人士，她本该含苞怒放，却悄然离去。生命以痛吻她，家人把她推下冰冷河水。一年复一年，不同的时间、地点，相似的剧情。一个个脑性麻痹孩子的逝去，换来众人声声叹息。说不清，走不了，看不清，思维方式简单，但一样是生命的绽放。我们无法原谅家属杀害脑性麻痹孩子的行为。除了愤怒、指责、叹息，我们还要行动，给予资讯，创造支持，发出声音，倡导接纳，使脑性麻痹人士家庭不再孤军奋战。

事件六

【新闻标题】

被关爱，被抵制！精神残疾家庭入住公租房起争议

出处：南方周末

日期：2018 年 8 月 2 日

残障类别：精神障碍

公约核心条款：第十九条 独立生活和融入社区 第二十二条 尊重隐私

【事件回顾】

2018 年 7 月 18 日，家在深圳论坛的网友发布帖子《小区房价 7 万 5，搬进来 17 个精神病人，咋办？》，质疑大量精神类残疾人集中入住公租房的安排欠妥。帖子称，华联城市全景剩下这 24 套公租房配给了 17 户精神残疾人士。虽然"说是一墙之隔，但其实双方共用公共空间，每天楼下聚集的老人和小孩非常多，业主们认为存在着巨大的安全隐患"。面对业主们的质疑，7 月 19 日，宝安区住建局发布的《关于华联城市全景花园有关情况的说明》，承认候选家庭中，部分为有自闭症儿童的家庭。同时呼吁广大住户及网民，给予残疾家庭更多的包容和关爱，携手共建和谐社区。

导火索在社会舆论的敏感神经被刺痛前就已经被点燃。这不是深圳第一次给精神残疾人群分配公租房，也不是普通人群第一次与精神残疾家庭同处一地，甚至不是小区住户第一次集结起来就某一事件进行抗议，但高房价、高档小区、公租房、精神残疾等元素聚集到同一场景并发生反应时，冲突瞬间被引爆。

【入选理由】

精神障碍者，被幸福撞个满怀；公众，被残障搅了美梦。我们，终于可以抛开爱心，来一场就事论事的唇枪舌剑。都是房子惹的祸！

事件七

【新闻标题】

征集仅仅一天，"意见"如何有效

出处：中国残联网站 / 凤凰网

https://pl.ifeng.com/a/20180831/60001425_0.shtml

日期：2018 年 8 月 31 日

残障类别：全障别

公约核心条款：第三十三条 国家实施和监测

【事件回顾】

2018 年 8 月 30 日，国务院残疾人工作委员会办公室发布通知，就《〈残疾人权利公约〉的实施情况》（稿）征求公众意见，截至目前（今天，31 日）为止，征求意见马上就要结束。这份通知发布在中国残联的官网上，留给公众的提意见的时间不足 24 个小时。《残疾人权利公约》在 2008 年缔约，自 2008 年 8 月 31 日起，在中华人民共和国生效（包括香港特别行政区），根据公约规定，首次履约报告应在公约生效两年后，之后至少每四年提交一次。不过这一次报告是第二次和第三次报告合并，是中国即将提交的第二份履约报告。

【入选理由】

残障者，满怀期待八年抗战的国家答卷。我们，翘首以待四年一次的国际审议。然，天上一日，地上十年，多乎哉？不多也不怪。

事件八

【新闻标题】

投5000元月赚2000元！这伙人骗了超3万聋哑人5.8亿，
良心不痛吗？

出处：长沙政法频道，http://news.csbtv.com/news/00000000121
217

日期：2018年9月16日

残障类别：听力障碍和言语障碍

公约核心条款：第十六条　免于剥削、暴力和凌虐　第十二条
在法律面前获得平等承认

【事件回顾】

2017年9月以来，全国各地接连发生多起"龙盈"投资诈骗案，而该案最大的特点是，这些受害人几乎全都是聋哑人，他们都是购买了一个名为"龙盈"公司的理财产品后遭遇诈骗，由于该公司就注册在长沙市岳麓区，公安部批示由岳麓警方牵头侦办，经过近半年时间的经营，岳麓警方终于将这一特大诈骗团伙连根拔起。

2016年8月以来，一个名为"龙盈"的理财公司在聋哑人圈中迅速传播，创始人包坚信不仅是知名聋人企业家，还曾多次参

加慈善活动。在圈内小有名气，受害人纷纷将钱投资理财。警方介绍，这一诈骗团伙涉案金额巨大，专门针对聋哑人群体开展非法吸收公众存款案件，涉案金额 5.8 亿元，涉及全国各省市投资人数 3.1 万人，是长沙迄今为止涉及聋哑人这一特殊群体数量最大的非法吸收公众存款案。

【入选理由】

听障者，这一次被骗竟然是同为听障者的自己人。我们，震惊他们利用自身精通手语、洞悉心态，在听障社群中轻而易举地获得信任，钻金融的漏洞，上演钱生钱、人吃人的把戏。这正是本是同根生，相煎何太急。

事件九

【新闻标题】

常州一家人打了辆滴滴 突然发现司机是无腿残疾人 残疾人能否开网约车 网友为此炸了锅

出处：现代快报，http://dz.xdkb.net/html/2018-10/10/node_44.htm

日期：2018 年 10 月 10 日第 F4 版

残障类别：肢体障碍、听力障碍和言语障碍

公约核心条款：第八条 提高认识

【事件回顾】

常州的刘先生带了一家老小从南京回常州，在火车站打了一辆滴滴。车子开到半路，他发现驾驶员竟然是无腿的残疾人。刘先生觉得很意外，从安全的角度来想，残疾人是否可以开滴滴？那辆车子的油门、刹车等装置，也都经过改装手动操控的。"瞬间整个人就很无安全感。"刘先生说，当时父母、老婆和两岁大的孩子都在车上，可以说是至亲的性命全部在一个无腿驾驶员的手里，觉得很后怕。

下车后，刘先生立即报警，并投诉至滴滴客服。"我没有任何歧视残疾人的想法，我对那位滴滴驾驶员没有任何成见，也没有给评论，更没有给差评，我觉得问题在滴滴公司。"他向滴滴客服反映，得到的反馈却是滴滴免单并赠送 30 元优惠券。他将此事发到了网上，网友们议论纷纷，炸开了锅。

【入选理由】

肢残者，以生命的名义开车，乘客们以生命的名义坐车。我们，无意评论孰是孰非，人活的是这口气。不怕残，残不怕，高高兴兴开车，平平安安回家。

事件十

【新闻标题】

孕妇携自闭症儿子自杀。家属：在幼儿园家长群遭抨击情绪崩溃

出处：*广州日报*

日期：2018 年 12 月 26 日

残障类别：精神障碍／自闭症

公约核心条款：第八条　提高认识　第二十四条　教育

【事件回顾】

2018 年 12 月 25 日在广州南沙某居民楼，一名孕妇和其上幼儿园的自闭症儿子被发现在家中身亡。孕妇家属说，孕妇是带着孩子明明（化名）烧炭自杀的。十几天前，明明曾在幼儿园打了别的孩子，明明母亲在家长群里沟通时，透露了明明有自闭症的信息，遂被其他家长群起攻之，更有家长找到幼儿园要求让明明退学。明明母亲曾对家人表示，这场风波让她濒临崩溃。因此家属猜测这是导致她轻生的直接原因。

而幼儿园园长则表示，明明刚来上学几个月，之前只是比较好动，没和同学发生过争执。但为平息其他家长的不满，还是决定让明明在家休息几天。目前，警方已经介入调查该起事件。

【入选理由】

自闭症人士，再一次告诉世人什么是生的伟大，死的干净。我们，深知动人心者，莫过亲情，但唯有时间可与之对抗，这一次败得一无所有。感叹：生命诚可贵，残障价更高，融合是假象，观念扮屠刀！

2018 年度中国残障十大权利事件评论

事件一：被感动的就业权

评论人
傅高山（视障）
其实咨询 CEO
陈泆而（视障）
其实咨询实习研究员

新闻链接：这位外卖小哥反复挂断用户电话，然而他的一条短信竟让无数网友泪奔。好消息！饿了么宣布：为聋人配送员新增便利功能！

作为在 2018 年数度刷屏的听障人送餐员现象，从网友们炸开的评论去观察，更多聚焦在责任与感动、沟通方式的建议以及相互理解的倡议上，难以逃脱的仍是隔岸观火似的审视。但从残障权利视角来看，越来越多的听障者从事外卖员职业的现象，最为关切的莫过于这位听障者的就业权进入公众的视野，并且得到了平等的保护。

联合国《残疾人权利公约》中明确提出：缔约国确认残障人在与其他人平等的基础上享有工作权。在此前，以"饿了么"为代表的外卖平台就已经聘用多名听力言语障碍者作为外卖骑手，虽然他们在工作的初期因为平台的无障碍化还不够完善，无法与客户进行良好的沟通，受到买家的误解，接到很多投诉，经历了很多困难，但至少保障了他们有机会在开放的主流劳动力市场和工作环境中，能够自由选择这份工作，这与直接以各种理由拒绝招录残障者形成了鲜明的反差。

当然，我们也可从恶意角度推测，听力言语障碍人士能够成为外卖员，很可能是公司方在一开始根本没有意识到会有"不方便的"残障人士前来注册。但是事发之后，平台方做出的举措并非如某些公司那般，发现有残障人士注册工作，将其视为一种漏洞迅速堵上，而是对平台的信息无障碍进行改进，以方便听力言语障碍外送员更好地工作。虽不能猜测其真实动机是否为了营销，客观上确实是依照了无障碍的原则，及时地提供了合理便利，以积极的措施确保了他们的平等就业权。

从外观转回内视。这些骑手通过短信的形式，与买家沟通，说明自己的残障情况，取得了一部分买家的谅解。这与生活中大多残障人的处境类似，在与社会环境互动中遭遇障碍时，习惯了从自身找原因。有的人会选择抱怨与放弃，有的人会选择自己想办法，只有很少的一部分人会意识到环境问题给自己带来的限制，并行动起来尝试突破与改变环境。究其原因是残障人士长期生活在负面态度之中，除了靠自己"身残志坚"，不敢有任何其他尝试与想法，不敢向社会提出任何"非分的"要求。

这起事件的刷屏，在打破公众陈旧观念之余，给残障者也应有一定的启示，尤其促进残障倡导者思考更符合中国社会的倡导路径会是什么以及还有哪些可能。

再来看"吃瓜群众"的评论，作为有广泛认知度的现象级事件，它所带来的，宏观上似乎是残障倡导者们一直所致力的工作——打破刻板印象，微观上却是听力障碍人群这样一类外表看上去没那么残的群体的很好亮相。很长时间以来，公众印象中似乎只有学会手语才能与听障群体交流，其实，本来手语就不是与听障群体沟通的前提，我们有很多方法可以沟通，随着科技的进步，方法只会越来越多。

　　同样的，残障群体也被视为是无能群体，他们因此被安置在非残障者认为"适合"的岗位上，比如盲人看不见适合做按摩，聋人听不见适合做不与外人交流的工作，等等。如果照着这个思路延伸，那么盲人律师、聋人教授、自闭症工程师都不会出现。而换一个角度来看，站在残障者的角度，这位聋哑骑手做这份工作，就是他自己的选择，和其他骑手一样凭努力赚工资，为公司和社会创造利益并实现自身的价值，并非被安置做庇护性质的工作，这是一个好的开始。而平台方的跟进，适当调整硬件和软件使其实现无障碍和合理便利，残障者会有更加多元就业的可能。

　　残障者的"弱势"并不只是由于个人悲剧所致，而是个人功能局限和社会环境相互作用的结果，在这个层面上，问题就直接聚焦于如何移除社会环境中的障碍。然而人们能否从热闹与感动背后深刻地领会这些，还是感动完听障外卖员的坚强后又感动于公司的爱心与情怀，需要媒体和 DPO 的进一步引导。

　　2018 年，联合国《残疾人权利公约》在中国实施十周年。我们在过去的十年里，努力让社会看到残障，激发残障者从"在弱势中卑微与脆弱"走向"在愤怒中觉醒与奋进"。所以我们有听障人高举标牌质问这个社会为什么不给我们就业的机会，有视障人在充满歧视的广告前毫无畏惧地上演行为艺术，甚至与更多看热闹的民众争吵。看似痛快淋漓，成效卓著，但怒与怨的背后，是不是仍然掩藏着一丝对自身残障无法改变的抗拒呢？而从残障个体，到残障的倡导者，从残障的倡导者到残障者的自组织，除了情绪的感染，我们在当下和未来的社会中，更加需要的，是带着残障人与社会面对面，引领所有的人一起肩并肩。

事件二：关于考试平等，我想谈点别的

评论人

蔡聪（视障）

一加一残障人公益集团合伙人

上海有人公益基金会理事

新闻链接：全盲女孩成功报名教师资格证国考，但笔试面试体检都是难题

视障人士参加某某考试，又有新突破啦！视障人士报名参加某某考试，又被拒啦！

自 2015 年《残疾人参加高等学校招生全国统一考试管理办法（暂行）》颁布以来，类似的新闻屡见不鲜。英语四六级、研究生入学、司法考试、社会工作者、职业医师、教师资格等。今年入选的这一起，可谓毫无新鲜感，不管是故事还是权利拓展。但它仍然入选了，经过了大众的投票，也经过了评选委员会的讨论。翻看备选的 44 个事件，并非是无事可选。那这一现象，值得深思。

为了降低认知成本和负荷，我们的大脑进化出了分类这种方式。而考试正是这种方式在现实生活中的投射。通过考试和相应的评价，每个人可以简单地被归类于某种认知范围之内，从而决定了你可以获得的社会资源，可以从事的事情，以及未来的发展可能性。当人们努力争取让评价体系更加多元之时，残障人一直在努力的仍然是进入这套体系的资格，离平等相去甚远。即使让你参加考试了，即使在考试过程中给予了合理便利，仍是如此。因为作为视障者，你在此之前的受教育机会，并不平等，你将来的

工作发展可能性，也不平等。何况这一事件中还提及另外一道拦路虎——体检标准。

因而，这一事件的入选，不是在探讨视障人平等参加考试的权利，也不是再次将体检标准这一应当被扔进历史的垃圾堆中的歧视性规定拉入公众视野进行批判。那些事情，这些年，残障者一直在做。作为 2018 年的十大权利事件，它是要向社会争取一个资格，一个生来就应有的资格。放在联合国《残疾人权利公约》中，它指向的是宗旨的核心，尊重残障人的固有尊严。

恰巧这是与教师资格考试有关的事件，在中国的文化背景下，天地君亲师，如此特殊的一个角色，还给了我们透过残障深入思考社会的机会。如果这位视障人争取参加考试，只是为了证明自己，没问题。作为吃瓜群众，我们刷一排的"666"。如果这位视障人是真的想当老师，不要开玩笑了吧！我们有一堆问题在等着你，看你能有多身残志坚。要是最后你克服了重重困难，额外花钱给你搞盲文试卷，设单独考场，就当是关心爱护残疾人了，考好了，我们的"服"字早就准备好了。万一这事大家当真了，我们孩子班上来了个盲人老师，拜托，这绝对不——可——以！盲人不要拿我孩子的前途开玩笑。

······

这才是社会观念中的真实。与我无关的事情可以政治正确，哪怕感觉他们在宏观上给国家给社会带来了负担，也还可以容忍，但如果走进我的生活，肯定就会不可接受。这不只是残障之于社会，而是大多生活在主流社会想象之外的边缘群体面对的尴尬。

面对这些，很多年前，残障人很忧伤。前几年，残障人很愤怒。这两年，已经是残障人不高兴了！这种情绪的变化，是残障人越来越认识到自己的权利是什么并知道要去争取的表现，也是社会的认知在提升，让我们有了表示不高兴的空间。但当我们开始理所当然地觉得不高兴的时候，就是残障权利倡导的引领者们要警惕的时刻。

一个自称残障平等权利的男性倡导者，当然支持性别平等，但觉得自己的老婆还是要顾好家庭。而一个饱受歧视的性少数群体成员，要是约到了残疾人，会想说残疾人还是不要出来的好。权利的呼喊不因身份的边缘而天然正当，利益的争取更不等同于平等的认同。透过身份给你带来的经历，让你对这个社会中所有人面临的结构性问题有了更深的理解，才是平等被真实推动、隔离被切实打破最永续的动力源泉。

对于残障倡导者来说，这样一个事件的入选，直指残障人的尊严，它应当被宣誓，且不断地言说。但都 2018 年了，我们也该响应党的号召，从人类命运共同体的高度，来思考我们的工作以及工作与生活的边缘地带。不要让公益、权利与平等，成为一块悲剧诞生的工地。

事件三：大胆，竟然目中无人

评论人
解岩（肢体）
一加一残障人公益集团 创始人
中国残疾人事业发展研究会 常务理事

新闻链接：装盲诈保案判刑　前国手哽咽"等于判视障者死刑"

10 年前，我国台湾地区"立法院"大规模修正成年监护制度，10 年后，我国台湾地区法院一起"装盲诈保案"收入年度"中国残障十大权利事件"，其价值之重、意义之大无法言喻，必将成为未来中国残障事业发展历程中被反复提及的公众事件。

言其价值之重，重在法律。大陆法系国家和地区的法官依法律条款判案，自由裁量权本就不多，我们暂无法得到更为翔实的法庭证据，仅就媒体披露信息进行推测。在本案中，案主出身运动员，中途失明，进行生活重建后，但其自主生活能力之强，在医学上被判定为"低视力"，即尚有存余视力，与法官印象中的视障者形象大为不同，以致法官在断案中产生了错位和错觉。这是法律科学习得的结果。自 2008 年在我国台湾地区开始修正成年监护制度，废除禁治产制度和准禁治产制度，采监护和辅助之二元制结构。然经过十年的运行，本案中法官对案主的意思能力和行为能力的合并认定依然有很大可能存在，否则将案主置于其非熟悉之场景做个案评鉴和排除，自然知晓。法官依法行事是否有错，信息不足我们暂不妄断，但错在法律。法律作为调整社会关系的工具，以公平正义、交易安全与爱之名，行保护弱势者的权能的同时，也加深弱势者的形象建构。尽管立法的初衷并不是出于对残障者的隔离，但当法律面对残障者束手无策，直接将其隔离的时候，一切都变了。曾经的法律是那么的目中有人，才使得社会公众建立起对法律的信仰和信赖，而此时，你大胆，竟然目中无人，现实中的人不见了，只活在被法律科学抽象出来的理性人中。这是当代法律需要的警示和反思。

言其意义之大，大在残障。我国台湾地区"修法"前于 2002 年开始委托学者进行"民法成年监护制度之研究"，同时，民间团体中，以家长为首的"中华民国智障者家长总会"率先提出"民法成年监护制度修法建议"，之后"全国残障联盟"等民间力量也积极跟进。为什么残障社群对"监护制度"的反应如此强烈，其一在于心智障碍者家长们关心自己老去、逝去后孩子的生活照管和家庭资产相对应的处置；其二在于一旦残障者被启动监护制度，意味着其个人的任何行为都会授予监护人／代理人，个人自由就此被限。这是自 1987 年之后，台湾地区全障别的残障者又一次联合起来反对"监护制度"对残障者个人自主决策之限制。

本案的案主为一名视障者，其所遭遇的判决，是法律对残障者行为能力制度和成年监护制度的理解和认可。另外，监护制度波及全障别的事实，从本案中得到印证。在各国成年监护制度修法的背景下，以日本民间的残障团体为例，肢体障碍团体就曾强烈反对将成年监护制度适用对象范围扩大到全障别。残障社群担心和反对的是行为能力欠缺制度定型化后，对残障者形象的污名化甚至妖魔化。自古罗马法始，"心智"本就是一个标准，再加上"体力"，从外面看上去，残障者们自然无法与"理性人"联系起来，残障者逐渐地在法律里已不是"人"，而是幻化为"财"、"物"及家庭的附属物。所以，残障社群与学者争论的不是具体监护或照管的程序，而是制度所造成的"残障"这个符号。回到本案，当事人的律师，也是一名视障者，是台湾地区非常著名的社群律师李秉宏，这是来自社群自身的专业支持和抗争。但本案发生后，其他残障类别，尤其是家长组织并没有给予更多的声援，那么，当初为监护制度改革共同抗争的残障社群和家长社群去哪儿了？那些"喜憨儿"和"星星的孩子"，在家长的眼里是"人"吗？在公众的眼里又是"人"吗？现实中，残障社群内部，不同障别看待彼此也会因人而异。一旦走出残障社群来到公众视野，各种残障类别也许又都回归统一的形象里。这是当代残障运动需要的警示和反思。

法律，请目中有人！是给法律提出更高的要求，去回应残障者的诉求，而非以怜悯、博爱的名义拒绝面对每一个人；是给残障运动提出更尖锐的要求，去消除社群内部的歧视和利益之争。

最后，本案中的当事人陈敬铠先生，您如此勇敢，虽然"目中无人"，中途失明后的行为和生活为有共同经历的人带来力量，您的"目中无人"是真实的，而我们这些目中有人的人看到的就一定是真实的吗？您大胆给我们提出一个哲学问题，留给未来。

事件四：心智障碍者的尊严，是幻是真？

评论人
丁雨婷
台湾师范大学复健谘商研究所研究生

新闻链接：22 年前 26 名心智障碍者被托养，协议背后是对良心的考验

2018 年 5 月 28 日，67 岁的欧阳润升—— 一名心智障碍者，安详、体面地离开了人世间。6 月 8 日，广州慧灵托养中心举行追思会送别欧伯。会有这样的一幕，是因为二十多年前，欧阳润升等 26 名心智障碍者的家人每户凑出 10 万余元，与广州市慧灵托养中心签订了"终身托养协议"，26 位心智障碍者的余生均由慧灵来负责。二十多年来，慧灵守住了自己的承诺，并且将继续履行对剩下的 25 名学员的承诺。

从慧灵的创办者孟维娜老师公开发表过的走社区化托养路径的愿景，以及托养中心主任的表达中，我们愿意相信，在慧灵，心智障碍者们过的是有尊严的生活，近似普通人的生活。但在我们为此份有品质的坚守鼓掌之前，停下来思考几个问题：欧伯在慧灵过得怎么样，他住得惯吗，开心吗？家长在签订这份终身托养协议时，有考虑过欧伯自己的意愿吗？家长是因何故看中了这项终身托养服务，要筹措这笔钱把欧伯送去慧灵，把他托付给一个民办机构？为什么会有这个终身托养服务？

从进入慧灵到离开人世，关于欧伯自己的想法，从报道中我们没有看到太多的细节，已无从得知了。心智障碍者，受限于能力和交流的层次，

往往很难如普通人那样直接透过言语来表达自己的想法。于是，父母们，作为他们的监护人，不得不或习惯性地替他们做决定，决定他们去做康复训练，决定他们去上学，决定送他们去托养。他们越无法表达，我们就越发地容易忽略心智障碍者自己的意愿。但他们是有感受的，他们有自己的喜好，只是需要我们留心观察他们的状态，了解他们的意愿。

那家长为何要把欧伯送去慧灵呢？为何一个民办机构会推出终身托养服务呢？

20 世纪八九十年代，心智障碍孩子入学被拒，无法进入主流的教育环境中，有了慧灵的前身——至灵学校，来接收这批被拒绝的孩子。而孩子们从至灵毕业之后，仍然无处可去。有一个机构站出来说你交钱，我来给你照顾孩子，想来也是一个非常诱人的冒险了。十万余元和一纸协议，把慧灵和 26 个心智障碍者及其家庭捆绑在了一起，大家一起赌上了未来。所幸欧伯的安然离世给这份豪赌做了一个欣慰的注解。

只是，把孩子交给机构，是养育心智障碍者的最优解吗？把孩子交给机构，是托付还是丢包袱？自己怀胎十月满怀期待生下来的孩子，为何会忍心送到机构？

因为难负照顾之累。

有研究指出，受儒家思想和家庭伦理价值观影响的家庭认为照顾有障碍的小孩是父母应该的责任，是自己的家务事，对国家介入照顾持有较低的期待。国家政策也是在此文化价值观下发展出残补式的福利。在大多数人的理解中，养育一个心智障碍孩子，则意味要自己照顾一辈子。但如果心智障碍者的照顾责任只落在家庭范围之内，家长有经济能力和精力照顾时，负荷尚能承担，但长此以往，或发生什么意外情况，则往往难承其重。面对自己和孩子的双老，更显得无解了。"我老了，他怎么办"，类似的想法时常萦绕在心智障碍者的家长心间。"比他多活一天",是很多家长能想到的略带无奈的唯一解。

二十多年过去了,心智障碍者家庭的养育处境有好一些吗?欧伯的事情刚被知晓时,迅速引发了圈内家长的一波关注。家长们纷纷表示这样的模式很好,想知道哪里还有这样的终身托养中心。慧灵的做法,像火花般照亮了家长们心中不确定的未来。从家长的心声里,我们看到的是,当年那26个家庭所面临的处境,现在的心智障碍者家庭同样面临着。家长们,面对心智障碍孩子,还是焦虑着。在这焦虑的背后,什么变了,什么没变?

搜罗我国与心智障碍者相关的政策,《残疾儿童康复救助制度》将逐步实现 0-6 岁智力残疾儿童和孤独症儿童免费得到康复训练等服务;《残疾人教育条例》保障残障儿童平等接受义务教育、不被拒绝入学的权利;重度残疾人护理补贴制度在完善中;"阳光家园计划——智力、精神和重度残疾人托养服务项目"已行之有年。相较二十多年前什么都没有的环境,国家政策已然改善了很多,并且在试图回应心智障碍者不同生涯阶段的需求。

那问题出在哪儿?

这里的供需平衡吗,服务类型、服务品质、补助范围等,是否符合家长的期待;政策宣导是否到位,需要的家长有无渠道接触这些政策信息;政策辐射的族群,又是否满足了政策帮扶的条件……以很多家长介怀的残疾证为例,为什么大家不愿意申领残疾证,在拒绝残疾证的同时,他拒绝的是什么?他拒绝的是"残障"这个标签,但孩子是残障的;又因为孩子是残障的,他就真的觉得孩子是"残障"。

新闻报道里,慧灵托养中心主任张红霞的一段话让我印象很深刻,"我很怀念他,他当时用笑容来祝福我的新婚……让其他的学员也向欧伯一样安然终老，有尊严地走完人生的旅程"。欧伯在慧灵有尊严地走完了自己的一生，那对更多的心智障碍者及其家庭而言，尊严，是幻是真呢？

家长们怕的是变老，但怕的绝不仅仅是老，还有自己脑海里的残障观念，以及残障观念下消失的孩子本身。我们总是将目光聚焦在残障儿童康复，以此体现政策的恩惠和社会的关怀，但当全社会都意识到老龄化社会即将到来，关注每个人的未来的时候，老年残障者、心智障碍者，再一次，毫无疑问地被遗忘，也再一次提醒着每个心智障碍者家庭：变老，那是你们自己的责任。此刻，究竟谁该担当，政府？机构？家庭？此刻，我们该正视这个问题。我想这也是入选"十大权利事件"背后的难言之隐！

事件五：生与死，谁说不得已？

评论人
马志莹博士
芝加哥大学社会服务行政学院助理教授

新闻链接：南京八岁脑瘫女童溺亡惨剧：爸爸和爷爷把她推下了河

又一次，残障者命断至亲手中。又一次，我们纠结于加害者是否值得同情。

脑瘫女童在南京被溺死，本来可能像众多类似事件一样激不起水花，只是长达一个月的悬赏和悬疑引起了广泛关注。当警方公布加害者是她的爷爷和爸爸时，公众纷纷惊讶愤怒。而当媒体报道死者有脑瘫时，愤怒却变成了一声叹息。还能说什么呢？农村很穷，受残障影响的家庭很苦，残障孩子本来就生不如死呀。

真是这样的吗？在媒体报道中我们得知，面对脑瘫的诊断，孩子的母亲选择离开，父亲曾试图掐死孩子，爷爷也建议将其送到孤儿院。奶奶却坚持带着孩子出走，在他乡一边拾荒，一边给孩子做简单的治疗。可见奶奶在用朴素的行动，守护着残障孩子的尊严、生命权、生活在社区家庭中的权利以及获得医疗康复服务的权利。而且祖孙相伴六载，想必孩子也有给奶奶带来快乐的能力。当我们只感叹父亲和爷爷的迫不得已，而不去探究别的视角与可能时，我们恐怕是犯了健全中心主义，默认了有残障的人生不值得一过，而否认了许许多多像奶奶那样的家长的经验与努力。

应当看到，当公众感叹农村很穷、受残障影响的家庭很苦时，大家是在表达对底层的同情、对社会公平的渴望 。在今天高度折叠的中国社会，这些反应弥足珍贵。然而对底层苦难的描述，是否一定要建立在强调残障是负担的基础上呢？还是说我们可以把这一负担进行拆解？的确，女童家里是为她花了大量积蓄，以至于在奶奶患癌症时觉得难以为继。但据我了解，脑瘫康复是需要费用，不过一般并非天价。这里也许有残障程度的个体差异，但天价康复有可能是因为城乡差异，农村地区缺乏信息和资源，以至于女童家人需要长途跋涉带她求医，也因人地两生而走过许多弯路。甚至我们可以猜想，面对不少家长寄希望于花大价钱一次性"治愈"孩子却不愿意承认孩子残障并在此基础上持续康复的心态，有的机构可能用过度或虚假医疗来敛财（包括过分强调手术治疗）。所有这些，都可能给来自安徽农村、文化程度并不高的女童家庭增加了成本。近年来，国家大力支持、资助 0-6 岁脑瘫儿童抢救性康复，我们要追问这项好政策是否在各地都落到了实处，是否能覆盖流动儿童等边缘群体，以及政策支持如何能延伸到 6 岁以上儿童——毕竟事件中的女童就长期处于流动状态，有可能因为长期没有得到适当康复而障碍加重，使补救更为困难、昂贵。

当我们无视这些制度和社会造成的障碍，把经济账都算到残障孩子头上时，我们也许在底层利益和残障者权利之间制造了虚假的对立，从而使我们对底层的同情变成了对取消残障生命的默许。当然，无论天价康复是否迷思，受残障影响的家庭都会比一般家庭承受相对高的压力。国家和社会需要介入，对这些家庭提供经济、信息、情感乃至照料劳动的支持。但这些支持显然不应与保障残障者权利相悖，而应相辅相成，使家庭整体得到发展，使生命与生命之间不再需要选择。

未来，媒体应当对类似个案做更深入的结构性分析，并且在分析中采

取交叉性 (intersectionality) 视角，看到多种压迫因素——比如这里的农村、流动、性别、残障等——如何在个案中交汇，而非强化"残障威胁论"。作为残障领域工作者，我们也应该有交叉性视角，不能只关注城市中产残障群体，而对边缘群体的困境则用"这不是残障问题，只是农村／流动人口／性别问题"轻轻甩开。除了告诉大家"有残障的生活值得一过"之外，我们还应该帮大家认识到，在具体的情境中有残障的生活怎么过，怎么才能过好。比如说，我们在传播康复观念之外，可以帮助大家如何查找可靠的康复信息和资源；也可以基于现有的群体差异倡导政策实施的均等化；还可以加强欠发达地区残障人自组织和家长组织的培育，增强他们为当地群体发声的能力，也让群体成员在彼此身上找到榜样和力量。另外，为了消解残障群体与大众利益的虚假对立，残障组织也要"走出去"，与其他领域的组织形成合力，把残障问题纳入儿童保护问题、农村发展问题、城市融合问题的更"主流"的讨论之中。最近，中央批准民政部单独设立儿童福利司，该司将把包括残障儿童在内的困境儿童作为工作重点，这就是一个寻求交叉与合力的好机遇。

下一次，希望我们不是只有双手合十或点蜡，失语或惊诧。下一次，希望我们能做到事先支持，而不必事后处罚。

事件六：除了房子，还应因为什么关心你的残疾邻居？

评论人
李学会
复旦大学社会发展与公共政策学院社会学博士候选人
深圳市守望心智障碍者家庭关爱协会研究员

新闻链接：被关爱，被抵制！精神残疾家庭入住公租房起争议

注：为行文方便，在文中主体部分均采用了"残疾"或"残疾人"

时隔半年，深圳市宝安区"精神残疾家庭入住公租房起争议"因入选 2018 年度中国残障十大权利事件，而又获得了重新审视的机会。入选 2018 年度中国残障十大权利事件，这并不意外，毕竟该事件引起了极大的关注。入选理由"精神障碍者，被幸福撞个满怀；公众，被残障搅了美梦"精准抓住了事件的冲突。意外的是另一个入选理由：都是房子惹的祸！

作为一个该事件的亲历者，"全景式"式地观察了来龙去脉，今日得以有条件"抛开爱心"谈谈对这个事件的看法。尘埃落定，轮候配租家庭终以各自可接受的形式入住，也称得上"圆满解决"。

促进残疾人事实上平等的具体措施，值得肯定

定向配租给公共租赁住房轮候册中申请人或共同申请人属残疾人的在册轮候家庭，是深圳市住房保障署近年来根据《深圳市保障性住房条例》《深圳市公共租赁住房轮候与配租暂行办法》等有关规定的举措，也是贯彻落实党中央、国务院关于残疾人事业发展的重要部署。在宝安区之前，深

圳市其他区已有多批次的类似操作。

这种促进残疾人事实上平等的具体措施，值得肯定。残疾人及家庭处于更为不利的社会生存状态，这是一个普遍的事实。为促进或加速实现残疾人事实平等采取的措施，并不构成歧视。这为我国的《残疾人保障法》第四条和批准加入的《残疾人权利公约》第五条所确认，也是我国面向残疾人的政策中采取特别扶助措施的缘由和依据。在"居大不易"的当下，保障残疾人的住房无疑是一个得民心的民生工程。这大概也是为何包括精神障碍者在内的残疾人"被幸福撞个满怀"。

面向残疾人的定向配租（配额制度）作为一项特别扶助措施，比例如何确定？据 2018 年 6 月 27 日宝安住建局发布的《面向宝安区户籍在册优抚和残疾人家庭配租公共租赁住房有关事项的通告》，华联城市全景花园剩余 24 套（共 374 套，已分配 350 套）公共租赁住房定向配租，配租对象为宝安区户籍在册轮候库中的优抚及残疾人家庭。24 套占总套数的6.4%，这一比例与 2006 年第二次全国残疾人抽样调查所得的全国残疾人占总人口的 6.34% 相接近。但如果排除配租对象中包含的优抚对象，那么潜在配额给残疾人的公共租赁房比例低于残疾人占总人口的比例。一种观点认为残疾人集中入住了该小区，在不知晓已入住者的残疾人的分布状况前，无从判断。至少在配租名额的分配上，无论是一种刻意的安排还是一种无心的巧合，均符合相关政策及原则。这种特别扶助措施，不可因噎废食。

公共服务的提供和社会治理的水平，有待提升

在深圳市其他面向残疾人配租的工作中，并未引起如此的冲突。政府部门公示的内容同样包含此次引起争议的"隐私内容"，且不论这些公示内容在事实上已经侵犯了残疾人及家庭的隐私，也引起了当事人的不适与抗议，由此引发的冲突事件，是政府部门未曾预料的事。

如何平衡大众的知情权、监督权与受益当事人的隐私权，考验的是政府的社会治理水平。《残疾人权利公约》第十九条确认残疾人有"独立生活和融入社区"的权利，我国的《残疾人保障法》以及《无障碍环境建设条例》都确认政府相关部门有责任"减轻或者消除残疾影响和外界障碍，保障残疾人权利的实现"。而不论配租给残疾人的公租房内部的无障碍改造，还是社区"无障碍社会环境"的创造，都还有巨大的提升空间。

显然，融合、无障碍的社区环境不是住建部门独力所能完成的，既需要其他部门的配合与接力，也需要善于接纳社会力量的参与。公共租赁房配租给残疾人，还需要有与住房相配套的公共服务。在该事件中，一些社会组织表达了参与的意愿。而事后的走向，并不如人意。至少引起冲突的原因，以及之后类似的事件，并不"都是房子惹的祸"！

对残疾和残疾人的认识，值得提高

"精神残疾家庭入住公租房起争议"的事件涉及多个主体，至少包括住建部门、市区两级残联、媒体、小区住户、合格认租家庭、家长组织、一般大众等。这一事件集中折射了各个主体对残疾和残疾人的认识。

有必要再回顾一些关键数字。24 套公共租赁住房定向配租，符合选房条件的 41 户。41 户 136 人中，有残疾人 39 人，其中精神残疾人 16 名、视力残疾人 3 名、听力残疾人 5 名、肢体残疾人 9 名、智力残疾人 4 名、多重残疾人 2 名（1 名为听力残疾和智力残疾，1 名为精神残疾和听力残疾）。事件的焦点集中在 17 名精神残疾人，实际上符合条件的前 24 户中残疾人的人数更少，即便没有抗议事件，最终入住的家庭中有多少残疾人还未可知。这也可以看到，事件涉及的残疾人有着多个圈层：残疾人－精神残疾人－自闭症，其间还夹杂着精神病人。此后的大量报道以及当事人忙着区分精神病与精神残疾、精神残疾与自闭症，这种失焦显然不是一句轻佻的"鄙视链"所能解释。

无论是政府部门的仓促应对，还是媒体（包括自媒体）的议程设置，或者当事人的"退缩"以及"匿名异议者"的表达，都显示出对残疾和残疾人的认识是多么肤浅。"关爱"而非权利的视角让政府部门的应对左右徘徊，夹杂着对"异议者"的顾虑而失去了让各方参与治理的信心。媒体及其前台——记者的表现，不尽如人意。笔者也因这事件参与了新闻生产过程，但多数是在为之科普残疾观念、事件的来龙去脉。媒体有着自身的逻辑和利益，并不是单一的呈现残障议题也并不总是有益于事件的解决。尽管联合国《残疾人权利公约》极力倡导提高认识，国内的 DPO 先锋一加一也一直致力于呼吁媒体以合适的方式报道残障议题。看看此次事件中滥用和误用精神病人、精神残疾、自闭症等就知道这一进程还任重道远。

此外，作为此事件中重要的受残障影响的人群（people affected by disabilities）——残障者（people with disabilities）的家长，尤其是心智障碍者的家长在哪里？该事件中涉及的精神残疾人，不少为自闭症儿童。这些家长采取了何种积极行动？小区住户采取的"邻避行动"，是一种社会排斥。而要促进社会接纳与融合，离不开社会互动机会，冲突又何尝不是社会互动的一种形式或者走向融合的一个阶段？无论行动或者不行动，都反映出家长自身或者面对大众具有何种残障认同的犹豫不决。

在"后单位社会"时代，不关心邻居似乎是一个常态。好一个"都是房子惹的祸"！一套好区位、高价值的房子，搅了邻居的美梦。如果换一种视角，哪是房子惹的祸，不是残疾惹的祸？哪是残疾惹的祸，不是缺乏意识惹的祸？

事件七：知否知否应是绿肥红瘦

评论人

解岩（肢体）

一加一残障人公益集团创始人

中国残疾人事业发展研究会常务理事

新闻链接：征集仅仅一天，"意见"如何有效

接到"2018 年度残障十大权利事件"评选委员会的邀请，撰写"征集仅仅一天，'意见'如何有效"这一事件的评论，我笑了。一笑，终于入选；二笑，终于找我；三笑，忠于评论。唐伯虎三笑点秋香，我这"秋香"的三笑，实在难煞我也！

这一事件，相比 2018 年度中国残障领域发生的众多事件以及最终入选的十大事件，发生时的知晓度、影响力、持续性等方面均落后很多，甚至悄无声息，即使媒体的曝光也只是一篇评论而已。但其对接下来两年乃至未来的中国残障事业所具有的价值、意义极其重大、深远。首先，联合国《残疾人权利公约》（以下简称《公约》）自 2008 年 8 月 31 日起，在中华人民共和国生效，根据公约第三十五条第一、二款之规定，首次履约报告应在公约生效两年后，之后至少每四年提交一次。因此，2010 年中国政府首次递交了履约报告，时隔八年之后的 2018 年，中国政府将提交第二份履约报告，也即第二次和第三次合并报告。

其次，根据《公约》第三十五条第四款之规定，缔约国在编写给委员会的报告时，应采用公开、透明的程序。于是，2018 年 8 月 30 日，国务院残疾人工作委员会办公室发布通知，就《〈残疾人权利公约〉的实施

情况》（稿）征求公众意见。该时间距离中国政府最终递交截止日8月31日，征询意见只有一天，即完成《公约》之规定和要求，程序合理，但这一举措又的的确确是一次突破，是第一份履约报告递交过程中未见的。

最后，在2012年联合国残疾人权利委员会审议中国政府报告之后的几年内，《无障碍环境建设条例》《残疾人教育条例》《残疾预防和残疾人康复条例》等一系列法律、法规和政策的出台，以及残障社群状况的变化和改善，充分肯定和确认《公约》作用之大，意味着中国残障事业已经纳入国际社会和人权保障的视野。

那么，这么重要，岂能不知，终于入选，岂能不笑？此为一笑之理由。

二笑，终于找我，笑得好尴尬，甚至有些悲哀。原因之一，2012年第一次审议中国政府报告时，中国民间递交的唯一（很多人不认可这一史实，留他文再论）一份民间报告，就出自本人之手，个中故事和细节是未曾经历者所不知的，能够披露出来的也寥寥无几。惠子曰"子非鱼安知鱼之乐"，在这一事件里，或许再没有比我有发言权的人，找我就对了。

原因之二，2018年是《公约》中国签署十年，该事件入选理由中的一句话"天上一日，地上十年"想必也是看重了"十年"这一重要历史年份。在过去的2018年里，纪念《公约》十年的活动，官方和民间的、国际和国内的，虽然不多但也不少，尤其是一些专业主题的培训、沙龙。回想一年，我，一名残障权益保障机构、DPO的创始人居然没有就该议题发言过一次，着实非常汗颜。列位看官，既然呈现出这一人间"仙境"，我必不在意是否邀请我，只是说明，组织化发展的DPO在《公约》2006年出台十二年后的一个轮回里，已经发生质的变化，这一变化是中国社会发展进程中所特有的，也是其他领域的发展进程在残障领域的复制，以社群代表个人（残疾人代表），以个人取代机构（个人利益），以专业代替社群（专家代言），终于成为现实。

原因之三，残障是人性的尺度。本文不细表，尽在各文中。

那么，这么光怪陆离，终于找我，我笑得尴尬，谁笑得悲哀！此为二笑之理由。

三笑，视为苦笑。前述那许多背景和原因，明白人已然明了。一声叹息，这评论着实不好写。

首先，上百条、专业的《政府履约报告》，读完、读懂，还要将《公约》条款与中国履约情况一一对应，读透《公约》精神和宗旨与中国现实的距离，只有一天的时间，显然很难办到。而国务院各部门的行政规章以及全国人大常委会制定的法律，在出台之前均需要征求公众意见，时间为一个月。

其次，既然是政府履约报告的公众意见征询，不应在中国残联网站上发布，而应是政府部门的网站，再看中国香港特别行政区政府提交的履约报告，在特区政府网站刊登，自3月9日开始，截止时间为5月4日，将近两个月时间里邀请公众提出意见，其间还要举行四场公众咨询会，公众均可报名参加。

最后，政府报告在中国残联网站发布，将中国残联视为政府在残疾人工作方面的一级政府部门，这与中国残联作为残疾人组织、群团组织，以及国际社会所强调的 DPO 组织，是不一样的。2018 年 5 月 16 日国务院办公厅发布的《关于调整国务院残疾人工作委员会组成人员的通知》中说明，国务院残疾人工作委员会的具体工作由中国残联承担。该信息发布的主体是国务院残疾人工作委员会办公室，在中国残联网站上发布，一定程度上默许了中国残联为一级政府部门的定位。

　　发布时间、发布平台和主体性质等三个维度下所引发的思考，正是"十大权利事件"评选委员会所期待的，我钦佩他们的勇气和行动，也不辱使命完成本事件的评论，更期待你追寻答案的脚步已经迈出。

　　评论结尾，给本文加个题目《知否知否应是绿肥红瘦》，是一本畅销书的书名，也是时下热播的电视剧。词句出自"千古第一才女之称"李清照的一首宋词《如梦令》，以此记录写作时间和历史时刻，也不枉我"秋香"一番用心良苦。

如梦令

李清照

昨夜雨疏风骤，浓睡不消残酒。

试问卷帘人，却道海棠依旧。

知否？知否？应是绿肥红瘦。

事件八：与时俱进的听障者犯罪

评论人

刘振兴（听障）

残障知音主编

新闻链接：投 5000 元月赚 2000 元！这伙人骗了超 3 万聋哑人 5.8 亿，良心不痛吗？

湖南长沙原"哑巴灯饰"公司董事长、浙江温州聋人包坚信，在生意场上失利后，凭借自己早年经营"哑巴灯饰"期间获得的"聋人企业家"桂冠及"湖南省聋人协会副主席"官衔（虚职），在我国聋界传销高手的怂恿、教唆、策划、指导下，注册成立"龙盈"公司。钻国家金融监管制度的漏洞，披着慈善的外衣，打着帮助聋人社群发家致富的旗号，抓住大多数"手语族"聋人由于听力障碍造成的无法迅捷完整接收外部资讯，信息闭塞，知识面狭窄，很难融入主流社会，对非法集资这一犯罪行为难以正确分辨甄别的致命弱点，看透聋人社群普遍收入微薄，生活困难，穷极思变的急切心态，以高额返利回报为诱饵，处心积虑、不择手段，设计了"拆东墙补西墙，空手套白狼"的"非法吸收公众存款"骗局。"以聋吃聋"，盘剥聋人，导致许多不明就里、天真幼稚的聋人落入这个老掉牙的"庞氏骗局"。其间，包坚信旗下的"龙盈"公司累计诈骗全国各地聋人同胞三万余人近六亿元人民币。

诚然，此案表面上看来违反了联合国《残疾人权利公约》第十六条"免于剥削、暴力和凌虐"与第十二条"在法律面前获得平等承认"中的有关条款；然而，透过现象看本质，这一案件的发生，归根结底应该是违反联合国《残疾人权利公约》第二十四条"教育"中有关条款。

自 20 世纪 50 年代中期至今六十多年来，我国片面学习苏联聋教育教学法，罔顾聋人社群语言沟通交际实况，不承认聋人手语是一门真正的独立的语言，排拒优秀成年聋人从事聋教育教学工作；与此同时，以行政手段强制实施"以口语为主"教学法，导致聋校语文（汉语书面语及口语）整体终极教育教学质量一直在相当于普通小学三年级（或更低）的水平上徘徊不前。造成这一局面的根本原因是大部分极重度聋童在无法切实有效地获得听力康复（或重建）的情况下，很难像健听儿童那样能够自幼通过听觉途径接收、模仿、习得、纠正、建立、巩固、完善自己的语言（口语、书面语）体系。基于日常生活交际的需要，大部分初入聋校校门的聋童，只能在日常交往中向高年级大龄同学和来自聋人家庭的从小以手语为第一语言的同班同学自然而然地习得并逐步掌握手语。在"以口语为主"语言教学政策主导下，聋学生和健听老师之间存在语言沟通障碍：聋学生对健听老师按照汉语语法、词序、句序打出的"手势汉语"（类似按照汉语语法、词序、句序说和写出来的"中式英语"）一知半解，同时也听不见或者听不清健听老师的口语；健听老师对聋学生打出的手语（犹如土生土长的美国人、英国人说和写出来的纯正的英语）懵懵懂懂，并且也难以听懂大部分聋学生哇里哇啦、含糊不清（这是由于缺乏切实有效的听力监控和反馈，难以自我调控和纠正自己的发音所致）的口语。课堂教学效果乏善可陈，更遑论进行细致入微的思想工作。

由于一直以来聋校语文教育教学质量严重低下，尤其在我国"城乡二元结构"体制下，义务教育阶段农村户籍的聋校学生在相当长的一个时期毕业即失业，读书无用论甚嚣尘上。在这种无可奈何的大环境下，来自乐清农村、自幼颇有组织领导能力、刚进入温州市聋校就当上了班长的包坚信，小学四年级时便从就读的温州市聋校辍学，跟家里人外出做生意。商场如战场，包坚信近年来在生意上严重受挫，进退维谷之际，采纳聋界传销精英的建议，2016 年夏在湖南长沙注册成立"龙盈"公司，聘请聋界资深传销大佬为总经理，纠集全国各地聋人传销大腕，精心策划炮制针对聋人社群的"金字塔骗局"；其间极力发挥自己身为"手语族"聋人精通手语、谙熟聋人社群心理、在聋人社群语言沟通游刃有余的天然优势，花言巧语，诱骗普遍缺乏金融常识的聋人参与其中，玩起了欺诈聋人群体的"钱生钱、人吃人的把戏"。

冰冻三尺非一日之寒。纵观当代聋人社会发展历史，这一案件的发生绝非偶然。改革开放四十年来，一些聋人群体犯罪，给公众造成了极深的不良影响。先是从 70 年代后期至 90 年代初期的十余年间，在改革大潮冲击下，大中小城市专门安置非农业户口残障者就业的福利工厂大部分破产倒闭或重组改制，聋人职工遭遇下岗失业；同时，在举世罕见的"城乡二元结构"社会体制下，占我国聋人总数绝大部分的农村户口聋人更难获得比较理想的职业。由于听力言语沟通障碍，很难和主流社会交往，就业年龄段的聋人群体在自谋职业道路上困难重重：既不能像盲人群体那样能够得到国家特殊政策的扶持，开办推拿按摩店；也极难仿照肢体残障者从事家电维修或者开小卖店。为生计所迫，许许多多的年轻聋人离开家门，走南闯北，"卖画"谋生。随着闯江湖"卖画"聋人数量的不断增加，竞争激烈，有的聋人就想方设法私刻公章、伪造证件、杜撰介绍信，三三两两结伴奔赴全国各地党政机关、企事业单位，进入领导办公室，软泡硬磨、"倚残卖残"，滥用主流社会对残障者的同情，高价推销批发来的劣质书画，从中牟取暴利，给社会各界留下负面印象。其间，为了壮大羽翼或另立门户，江湖上的聋人"卖画"者纷纷从聋校诱骗高年级大龄聋学生入伙，以致全国各地聋校经常发生在校生"失踪"事件，健听人掌控的聋校由此和"江湖聋人"结下了梁子。后来随着党政机关、企事业单位门禁的加强，把"卖画"的"江湖聋人"拒之门外，这一"行业"日渐式微。为了生存，90年代中期从"卖画"逐渐演变成为拉帮结伙，流窜全国各地大中小城市，依靠偷盗为生（新成员主要是聋校毕业、辍学及拐骗来的大龄在校生）；团伙成员分工明确，各司其职，文笔流利的聋人充当"律师"，负责联系派出所，为失手落网的团伙成员缴纳罚款（保释金），迎接释放回归者重操旧业，周而复始，恶性循环，不能自拔，以流窜偷盗为主的聋人团伙犯罪率多年来一直居高不下；此风甚至波及香港、台湾聋人社群（但由于港台地区不存在"城乡二元结构"体制，尤其是社会福利保障制度存在差别，故而受到的浸染微乎其微）；这期间，某些报刊为了吸引读者眼球，经常登载负面的聋人社会新闻报道，以致青年聋人群体在不明真相的普罗大众眼里几乎成了过街老鼠，人人喊打。2010年之后，全国大中小城镇交通要道、楼堂馆所（以及人流密集的公共场所）监控摄像头星罗棋布，尤其是随着刷卡及支付宝、微信扫码等电子支付方式的普及，人们平常外出很少随身携带现金，聋人结伙流窜偷盗这条路逐渐走不通了；于是，在各地青年聋人社群中又出现了"庞氏骗局"。湖南长沙"龙盈"公司"非法吸收公众存款"案，则是其中受害聋人最多、社会负面影响最大的一个"金字塔骗局"。

此案的发生，充分说明了聋人社群与任何其他障别的残障社群之间的巨大差异：作为所有残障类别中唯一具有独立语言的族群，如果没有切实有效的手语翻译合理便利支助，聋人是很难融入主流社会的。这从近年来全国各地残障者自组织举办的有关培训班、工作坊中鲜有聋人（尤其是

"手语族"聋人，下同）报名参与即可见一斑。鉴于我国迄今尚没有聋人创办的、以残障平权倡导特别是推动联合国《残疾人权利公约》落地实施为使命的残障者自组织，笔者在此由衷地期望，肩负联合国《残疾人权利公约》宣导传播使命的国内 DPO（除了聋人之外，国内其他任何障别的残障伙伴们都早已成立了各自障别或不分障别的 DPO）能够率先垂范，在未来举办相关残障平权倡导之类的培训班、工作坊招募学员时，能够积极鼓励并酌情关照聋人报名参与（起码不应与联合国《残疾人权利公约》宗旨南辕北辙、背道而驰，把聋人拒之门外；也就是说不要再人为地制造不同障别之间的歧视和隔阂，不再不经意间把聋人群体推入犯罪的深渊），同时尽可能物色、培育、指导、帮助聋人社群建立聋人自己的 DPO，积极扶持聋人社群走向新生。谨此馨香祈祷。

事件九：肢体残障人怎样成为滴滴司机

评论人
马腾
上海市崇明区人民法院　法官助理

新闻链接：常州一家人打了辆滴滴　突然发现司机是无腿残疾人　残疾人能否开网约车　网友为此炸了锅

单纯看上述事件回顾，似乎又回到了残障人平等就业权之争。正如入选理由所称"不怕残，残不怕"，乘客无须恐惧残障司机，残障司机也无须背负太多压力，这是一个笼罩着光芒的理想国。然而，现实从未如此简单。

就业平等的政治正确

面对这一事件，首先要明确的问题是残障人是否有权驾驶汽车从事营运服务。正如《公约》第 27 条所称，残障人在与其他人平等的基础上享有工作权——该条并未排除司机这一职业领域。无论是《公约》还是国内各项法律，均未禁止残障人从事汽车驾驶和营运服务，且《机动车驾驶证申领和使用规定》允许双下肢缺失的人员申请 C5 驾驶证。

据南方都市报记者调查，乘客刘先生将本次事件曝光上网，尽管"没有任何歧视残疾人的想法"，但一位自称是当事滴滴司机的网友"玉成"回帖表示其有合法的驾驶证，而且受到了乘客的歧视，一再表示不接受采访。

但是，很多事情沾到"歧视"一词就会变得微妙复杂。在南方都市报微信新闻评论区，一条高赞评论称"能给残疾人一个公平的对待吗？很多残疾人比正常人的心智和心态都要好，虽然是残疾人，他们也要养家糊口的，就必须这样把他们往绝路上赶吗？"，评论者重视残障人就业平等待遇的心情可以理解，然而以其为代表的部分公众立场是否落入了政治正确的窠臼之中，实在值得警惕。

疑被忽视的事件细节

残障人享有工作的平等权利，但这一政治正确并非万能答案。不少人闻听"残障人驾驶网约车"这一消息，果断声称这是残障人平等就业权利的典型案例（残障权利倡导者的呼声似乎更加强烈）。但是在政治正确的帽子下，至少有两个重要事件细节被有意无意地忽视，上述事件回顾亦未能幸免。

第一，依照《常州市市区网络预约出租汽车经营服务管理实施细则（试行）》规定，从事网约车的驾驶员需要"三证齐全"：网络预约出租汽车运输证、网络预约出租汽车驾驶员证、网络预约出租汽车经营许可证。常州运管部门工作人员确认，他们并没有受理过持 C5 驾照的驾驶员来申领网络预约出租汽车运输证，滴滴公司工作人员也承认，该车注册信息和实际驾驶人不一致，在平台上登记的驾驶证并不是 C5 驾照。

第二，依照《道路交通安全法》第 16 条规定，任何单位或者个人不得拼装机动车或者擅自改变机动车已登记的结构、构造或者特征。据调查，本次事件中汽车的油门、刹车等装置，都经过改装手动操控，均可能涉及擅自改变车辆结构、构造或者特征，涉嫌违法。

权利的行使应当符合法律的规定，这是理性社会的共同价值基础。忽视事件细节而空谈政治正确，是对法治的一种伤害。

个人权利的多维视角

亚里士多德认为，法治是指法律得到普遍遵守，且法律本身符合良善的要求。现代法治更加强调"法无禁止即自由"，除非公众通过立法明确限制，否则个人权利均应得到普遍尊重。目前，法律并未禁止残障人开车，这是全体公众的共同意志。

当然，法律只是解释社会现象的一个视角。尽管残障人在法律上有权驾驶汽车，但公众也有理由质疑残障人驾驶的安全性，也有权在法律制定和修改时增加限制条款。所以问题在于：残障人驾车实际上是否安全？

因缺乏调查数据，笔者无法从实证角度对上述问题作出回答。但换一个维度，经过法定的驾驶资格考试，意味着司机的驾驶能力符合安全的通常标准。一位刚刚取得驾照的年轻司机、一位满头白发的老年司机、一位女司机，是否也会引起公众的争议？难道年轻人、老年人和女性也不适合从事驾驶行业，即便他们已经通过了驾驶资格考试？

值得反思的是公众对于"安全"的理解。乘客往往期待自己的司机绝对安全、绝对可靠，可是存在真正的"绝对安全"吗？无论是行程万里的资深司机，还是年轻司机、老年司机或女性司机，或者是残障人司机，都存在或多或少的驾驶风险，国家只能通过设置驾驶资格考试的方式尽量减少风险发生的概率。

甚而言之，当汽车和公路被创造出来时，人类就已经默认将会发生的事故、人身的毁灭和财产的损失，但是哪一个国家会因为这些风险而拒绝汽车工业、高速公路以及机械化生产，以至于倒退回农业社会呢？纵然平均每一百辆汽车可能会有一起致人死亡的事故，汽车制造厂仍然源源不断地出产汽车。因此，社会的发展本身就内在地包含着不可测的风险因素，但这些因素不足以阻挡技术的革新和经济的飞跃。以功利主义论之，最大多数人的最大幸福乃是判断是非的标准，其中必然要牺牲一部分利益，以此满足社会整体利益的进步。核心的问题在于，社会对于风险的接受程度和边界在哪里？可以肯定的是，随着技术的不断革新，社会需要承担的风险也会越来越高。

在伦理层面，人们或许无法接受将生命和安全作为牺牲品，但实践的脚步已经给出了答案。同样，残障人驾车这一现象也是社会发展过程的体现，人们需要像一百年前适应汽车一样，逐渐地适应这一切。

事件十：愿面朝大海，春暖花开

评论人
许靖（鲁达妈妈）
广西壮族自治区妇幼保健院

新闻链接：孕妇携自闭症儿子自杀。家属：在幼儿园家长群遭抨击情绪崩溃

　　2019 年的元月份随着旧历年的临近，已接近尾声了，那些遭遇不幸的孩子们和他们的父母，却再也不用思虑如何应对纷纷扰扰的大团圆，不用或喜乐或哀愁或尴尬或感动了。广州孕妇携子自杀事件，渐渐淡出闲人的话题，也渐渐淡出或愤怒或悲凉的自闭症家长的朋友圈，母子三人，永远地离开人世，也一个多月了。

　　事件所有关联人，似乎仅仅做出了常规的反应和选择。女童家长听闻小孩被侵犯，给园方和孕妇施加压力，似乎合情合理；教育者要搞好"服务"，讨好市场，向更高的声音和气焰妥协似乎也是无奈之举；而其余围观的家长，谁愿意去了解别人暗夜中的眼泪呢……

　　斯人已逝，而生者，果真能得保全吗？

　　所有的人都活得特别不容易，每个人都有暗夜中的眼泪。痛苦与幸福，除了境遇，更关乎个人体验。即便发达国家及地区精神类残障支持体系如此完备，现实也不尽如人意，甚至经验丰富的业内人士也看到立足于家庭的支持才是最可靠的。而我们华人，恐怕是最愿意付出、最愿意牺牲的那一类家长，从这个角度而言，生于中国的自闭症孩子，恐怕也是最幸运的

那一类。

然而中国大陆的自闭症家长更多时候却在单打独斗。残联、特殊教育及专业协会、医疗系统中儿童保健部门互不关联，除了医院系统，其他机构惨淡经营并面临人才流失尴尬局面的较多。这起悲剧的主人公，不妨作为一个标本或缩影，让我们回顾一下这短暂、痛苦而意味深长的 5 年吧。

首先，从医学领域开始，自闭症的诊断缺乏生物学标志物，主要依据在于对症状的观察与评估，因此对医生的要求相对较高。明明早期是否在最便利的条件下获得专业诊断、评估及干预指导，这些最基本的医疗支持是否到位以及如何运作，就目前的信息，不得而知。新闻中报道曾经有过一段"按摩治疗自闭症"。其实正规的按摩手法，对儿童总有裨益，真正令人不寒而栗的现象是：自闭症俨然成为精耕细作门类齐全的医疗机构的新的经济增长点了，潜力巨大，魅力无穷。无论是否具备条件，无论操作人是否明白自闭症是什么，各种投资少、见效快、包装精美的"治疗项目"甚至某些正规医疗机构也在纷纷上马，至于是否符合医疗管理制度，是否符合医学伦理，是否将受众置于危险境地，不得而知。

其次，家长是否能获取支持。明明家和大多数家庭一样，母亲是照顾和干预孩子的主要力量。自闭症孩子的发展与塑造，首先需要家长的成长。那么，母亲在这 5 年当中，获得过支持吗？五年对于自闭症孩子的父母来说，必定积累了大量的辛苦与压力，是什么曾经支撑过这个柔弱而刚强的女人呢？在生命最后阶段、最困难最黑暗的时候，她是怎样放弃的？

最后，明明是在怎样的条件下、怎样的环境中接受的养育和干预？他们直接感受到的世界是什么样的呢？自闭症及其他精神类残障儿童，失去了很多自我发展的机会。一个程度并没那么重，具备融合条件的孩子，是怎样逐渐发展出不当行为？或者说，他的行为是否超过身边伙伴的一般界限？当他有不当行为的时候，有没有可能从环境得到支持和帮助？

　　自闭症孩子及其家庭，他们需要什么？社会与环境可以提供什么？除了父爱与母亲，还有什么是不可缺位的？

　　还从医学领域说起吧。大概从 20 世纪 50 年代开始，我国逐步建立了各级妇幼保健院及延伸到社区的儿童保健服务站，国家政策支持及卫生行政部门监管均很得力，目前已经具备成熟而完善的儿童保健体系，工作流程明确，随访及转诊制度完善，新中国成立以来，在保障中国儿童的健康成长方面发挥了实实在在的作用。但在自闭症方面，各种医疗机构诊断水平普遍不高，具备诊断能力及评估资质、干预指导能力的医生还非常缺乏。中华医学会已经制定出自闭症早期筛查、转诊的专家意见，但各地是否已执行，部门与专科之间如何分工，乃至医疗行为的界限，亟须制定和执行新的规范。

　　其次是社会支持体系。哪怕主流社会的孩子们，他们的健康成长也仍然主要有赖于家长的庇护与引导，还不是社会性的。而特殊儿童，所拥有的可靠资源，恐怕往往更依赖于父母的力量。部分地区，在家长组织的推动及践行下，已经形成了小范围的志愿者组织及相应的支持体系。他们（其实以母亲们为主）会收集到每个家庭的信息，除了提供家长学习资源之外，更以组织的形式出面与学前教育机构、学校进行沟通。沟通内容较为全面，涉及孩子的发展与融合，基本能将受教育权落实下来，而典型发展儿童，也在接纳自闭症孩子的日常中，获益匪浅，受到教师及家长的肯定与支持。有时家长及志愿者组织面目比较模糊，会与特殊儿童家长自行经营的干预机构交联起来，而这一类组织，可能会在家长培训方面更有长处。

　　上述家长及志愿者组织值得尊敬，但其实国家力量、行政力量更值得整合。我国残联机构在邓朴方、张海迪等一代一代极具影响力的领导人的带领下，积极倡导、推动了很多政策的制定和实施，体现了对残疾人的关爱与呵护。诊断水平与社会发展水平的提高，自闭症谱系障碍人群的日益扩大，残联组织既往的工作方式必然受到巨大冲击。除了保护生存权，在国家新的发展阶段，每个公民的发展权也都应该得到合法、合理的保障与促进。不妨参考妇联组织，新中国成立以后，妇联在保护妇女权益方面，发挥了重大的作用，被亲切地称为"妇女的娘家"。女性在生活中遇到的任何问题，都可以去娘家哭诉，妇联也很硬核，理直气壮谁都能怼。在明明母子被孤立、受打击的时候，母亲是竭力沟通和解决问题的，同为自闭症家长的人们应该都能体会出她曾经表现出来的勇气与坚韧。不是母亲无能与软弱，不是不明真相人士的冷酷，是应该有专业人士出面，对事件进行专业干预。当出现矛盾冲突甚至纠纷的时候，明明母子无论是作为弱者，还是"熊孩子"，都应该被隔离保护起来，不宜直面矛盾与对立面，这个时候，或许残联能够充任"娘家人"的角色，利用行政力量与身份，在教育系统、园方、对方家长之间，进行关系协调与政策解读，首先保证每个孩子受教育的平等权利，其次是尽量安抚各方面的利益，专业化处理矛盾。

华人的传统是以家庭为中心，上面的老、下面的小都是中年人的责任，我们的民族承受疾病与不幸的能力何其强大！几千年来，我们自觉自愿。农耕文明时期，乡绅制度与家族制度，代行了一部分社会保障职能，令鳏寡孤独皆有所养。我们党无论是革命的成果，还是改革的成果，无疑都是为了最大多数的人民。孩子是家庭的，但更是国家和社会的，社会中的每一个人都有义务、有责任建设一个更有利于所有孩子发展的环境。家长实际上承担了更多的责任与压力，这对他们的人格、精力、事业等无疑都会形成一定程度的剥夺，制定一定的政策与执行路线，给予相应的救济与支持，他们走不下去的时候，搀扶一把，带上一程，无疑是民族之幸、国家之幸！上述明明的同学的家长，在不经意间，在惯性思维中，在还没有来得及明白真相的时候，做出了越界的行为。其实这一部分人，或许是多数，为什么如此焦虑不安，为什么如此急不可耐，恐怕是因为，他们的孩子，可能也只有他们来保全保障啊！我们已经逐渐迈向强国之路，每一个老人，每一个身负重担的青壮年，每一个孩子都理应受到关爱，都有权利享受幸福，而这个理想，正需要每一个人来自觉建设。

最后：

给每一条河每一座山取一个温暖的名字

陌生人，我也为你祝福

愿你有一个灿烂的前程

愿你有情人终成眷属

愿你在尘世获得幸福

我只愿面朝大海，春暖花开。

2018 年度中国残障十大权利候选事件

整理 / 刘振兴　李冰　肖婷婷

1. 新闻标题：这位外卖小哥反复挂断用户电话，然而他的一条短信竟让无数网友泪奔

好消息！"饿了么"宣布：为聋人配送员新增便利功能！

出处：饿了么 / 聋友圈

日期：2017 年 12 月 14 日

残障类别：言语障碍和听力障碍

公约核心条款：第二十七条　工作和就业　第九条　无障碍

回顾：

日前，一篇《这位外卖小哥反复挂断电话，然而他的一条短信竟让无数网友泪奔》走红网络，网友为"饿了么"听障外卖小哥于亚辉真诚、自强不息的工作生活态度感动之余，亦纷纷为外卖平台建言献策。12 月 13 日，"饿了么"宣布将在骑手使用的"蜂鸟配送"APP 新增发送消息和录音电话通知功能，为失聪或听障外卖小哥联系用户提供便利。针对失聪或听障人士在配送工作中面临的沟通障碍，"饿了么"产研团队结合实际配送情况，对用户端和骑手端 APP 进行了一系列优化。在用户端的"饿了么"APP，用户下单后，如接单骑手为失聪或听障人士，当用户点击致电骑手按钮，APP 将弹窗提示配送骑手为失聪或听障人士，并建议用户使用内置即时通讯工具进行文字沟通。

2. 新闻标题：我国首位聋人推免研究生被录取

出处：中国教育报，http://paper.jyb.cn/zgjyb/html/2017-12/25/content_491781.htm?div=-1

日期：2017 年 12 月 25 日第 03 版

残障类别：听力障碍和言语障碍

公约核心条款：第九条　无障碍　第二十四条　教育

回顾：

随着天津理工大学 2018 年研究生推免工作结束，该校聋人工学院全纳教育本科生、家在四川自幼双耳失聪的代诚豪被云南大学录取，从而成为我国首位聋人推免研究生。

天津理工大学今年获批成为推荐优秀应届本科毕业生免试攻读硕士研究生资格单位，聋人工学院和其他学院一样获得了研究生推免资格，针对全纳教育学生人数少、专业分散的特殊情况，该院制定了自己的推免实施细则。最终，代诚豪成为该校也是全国首位聋人推免研究生，顺利通过云南大学的推免生复试。

3. 新闻标题：山西隰县 87 岁老人照顾智障弟弟 63 年 曾为其两次离婚

出处：中国新闻网，http://xinwen.eastday.com/a/180113185013119.html

日期：2018 年 1 月 14 日

残障类别：智力障碍

公约核心条款：第二十三条　尊重家居和家庭　第二十八条　适足的生活水平和社会保护

回顾：

从青春岁月到耄耋之年，现年 87 岁的山西省临汾市隰县阳头升乡后堰村村民刘侯汝，63 年来不离不弃照顾其智障弟弟，她的两任丈夫因无法忍受，而与其离婚。如今，刘侯汝独自照顾弟弟已有 36 年。王执平是村里 20 多年的村干部，他说，"因为弟弟耽误了自己一辈子，刘侯汝这种为亲情无私奉献的精神真的让人由衷敬佩"。村支书史还平对记者表示，"下一步，我们打算把刘侯汝树立成咱们村里的孝老爱亲典型，让全村人都向她学习"。

4．新闻标题：他与瘫痪母亲相约投河自杀，结局让人唏嘘

出处：澎湃新闻，http://www.sohu.com/a/216879984_617374

日期：2018 年 1 月 15 日

残障类别：全障别

公约核心条款：第十条　生命权

回顾：

因生活不顺，内蒙古 49 岁男子李某和相依为命的母亲相约一同自杀。他将自己和瘫痪的母亲用绳子绑在摩托车上后，开车冲进河里。最终，李某从绳索中挣脱，母亲溺亡。

近日，裁判文书网公布了该案一审判决书。内蒙古自治区呼伦贝尔市中院审理认为，李某的亲属、邻居、工友均证实他平时孝顺母亲，母子二人由于生活困难才产生了相约自杀的想法，有从轻、减轻处罚情节。2017

年 12 月 21 日，李某被判犯故意杀人罪，判处有期徒刑五年。

5．新闻标题：本市靠谱手语翻译仅有 30 余人，工作日更是一翻难求，手语翻译都去哪儿了？

出处：上观新闻，https://www.jfdaily.com/news/detail?id=78158

日期：2018 年 1 月 26 日

残障类别：听力障碍和言语障碍

公约核心条款：第二十一条　表达意见的自由和获取信息的机会

回顾：

对听力障碍者来说，手语翻译往往会伴随他们的一生，是他们与他人交往的重要纽带。在上海，大约有 23 万听力障碍人士，其中约一半靠手语与人沟通。但是，全市能被他们认可的手语翻译仅有 30 人左右。其实本市持证手语翻译员在 5000 人左右，然而培训考核体系与实际应用严重脱钩，从零基础到获得手语翻译高级证书只需要 45 天，且学校教授的多是手势汉语，与聋人的自然手语差异很大，导致有证者却没有足够的能力胜任翻译工作。

6．新闻标题：全盲女孩成功报名教师资格证国考，但笔试面试体检都是难题

出处：红星新闻 / 澎湃新闻 / 中国青年网，

https://www.thepaper.cn/newsDetail_forward_1974294

日期：2018 年 1 月 29 日

残障类别：视力障碍

公约核心条款：第五条　平等和不歧视　第二十四条　教育

回顾：

王颖是天津市静海区一名全盲女生，1 月 19 日下午 4 点 40 多分，距离报名系统关闭仅剩十几分钟，她终于成功报名了天津市教师资格考试（笔试）。记者调查发现，在中国教育考试网上找到的《2018 年上半年天津市全国中小学教师资格考试（笔试）公告》，其中"报考条件"中一共列了 9 条，规定了学历、户籍所在地、人事关系等条件，没有提出禁止盲人报考等相关要求。在此次报名的过程中，静海区教育局考虑到她的视力状况，接下来的体检肯定也过不去，就迟迟没让她报，后来见她和妈妈确实坚持，在请示了天津市教育招生考试院之后，就同意了，但是这之后还有很多步骤都是未知，比如申请盲人试卷、面试、体检……

7. 新闻标题：骗 8 名残疾人信息贷款 13 笔 涉案金额 8 万余元 邯郸一男子被刑事拘留

出处：燕赵晚报，http://yzwb.sjzdaily.com.cn/html/2018-02/05/content_1860794.htm

日期：2018 年 2 月 5 日第 A09 版

残障类别：全障别

公约核心条款：序言

回顾：

邯郸市峰峰矿区一男子为支持自己的高消费生活，竟然动起歪脑筋，以给残疾人办福利为名，骗取 8 名残疾、智障人员的家人信任后，利用对方身份信息在信贷公司分期贷款。1 月 28 日，在峰峰矿区警方的多方面努力下，犯罪嫌疑人刘某投案自首，破获系列诈骗案 13 起。

8. 新闻标题：被"遗忘"的盲人打字机（杨幂诈捐事件）

出处：新城快报，http://www.cdxckb.com/epaper/20180323/

日期：2018 年 3 月 23 日第 A10 版

残障类别：视力障碍

公约核心条款：序言

回顾：

2015 年杨幂带着主演电影《我是证人》来成都路演时，一位盲童在现场朗读了感谢信。当时，杨幂表示将为成都市特殊教育学校的孩子捐赠 100 只盲杖和 50 台盲人打字机。然而时隔两年半，校方至今一直没有收到这些物资。

近日经媒体曝光后，杨幂涉"诈捐"一事迅速引发网络热议。该消息一出，杨幂工作室便发布了声明澄清此事，声明称杨幂也是刚知道该次捐赠的中间人，曾为中国轮椅天使公益协会推广人的李萌还未落实捐赠，并表示工作室会立即联系校方，代为完成捐赠。27 日下午，杨幂工作室工作人员接受《成都晚报》记者采访时回应称，"盲人打字机正在联系美国厂商进行采购，盲杖则应该很快就能送到孩子们手中"。在成都特殊教育学校，相关负责人表示，目前学校共有 186 位盲生，学生仍非常期待收到这份"迟到"的礼物。

9. 新闻标题：盲人歌手办银行卡遭拒 各方热议保障残障人权益

出处：羊城晚报

日期：2018 年 3 月 26 日

残障类别：视力障碍

公约核心条款：第十二条　在法律面前获得平等承认

回顾：

3 月 26 日，盲人民谣歌手、诗人周云蓬在自己的微博上讲述自己在中国银行深圳沙河支行办卡遭拒的事情。据悉，银行方以"无民事行为能力的人不能办理"为由，拒绝为其办理借记卡。该事件经网络传播后，引发众多网友的关注。事发后，中国银行深圳沙河支行向周云蓬道歉。

10．新闻标题：心智障碍者也拥有爱的权利

出处：红网，http://hlj.rednet.cn/c/2018/04/04/4594625.htm

日期：2018 年 4 月 4 日

残障类别：智力障碍、精神障碍和多重残障

公约核心条款：第二十三条　尊重家居和家庭

回顾：

4 月 2 日，一段关于心智障碍者的爱情在网上传开了，41 岁的唐氏综合征患者李怿（女）与 31 岁的心智障碍者周日辉（男），两人在艺术团演出中搭档饰演情侣，遂逐渐互生情愫，而在谈及婚姻时却遭到了各自家长的极力反对。心智障碍者是否拥有爱的权利？两人又是否应该步入婚姻的殿堂？引起了网友热议。

11．新闻标题：无声的正义

出处：中国青年报，http://zqb.cyol.com/html/2018-04/04/nw.D110000zgqnb_20180404_1-10.htm

日期：2018 年 4 月 4 日 10 版

残障类别：听力障碍和言语障碍

公约核心条款：第十六条　免于剥削、暴力和凌虐

回顾：

唐帅的微信几乎在一夜之间"爆掉"。一条条好友请求飞快弹出，淹没了手机屏幕。很快，他的好友数量达到 5000 人的上限。申请扩容后，这个数量又急骤上升到 1 万人上限。让唐帅出名的是一条不长的宣传视频，由重庆市大渡口区委政法委发布。在片子里，这个头发自然卷、戴着框架眼镜的"80 后"年轻人，被介绍为"中国唯一一个手语律师"。在 2017 年，他协助警方破获一起全国最大的专门针对聋人群体的诈骗案——龙盈诈骗案；2018 年 2 月，开设手语普法节目"手把手吃糖"；2018 年，在全国各地举行演讲，并前往全国各律师协会、残疾人协会对聋人进行公益普法教育。

12. 新闻标题：追踪 15 岁男孩被吊绑铁柱身亡 嫌疑人被周至警方刑拘

出处：华商报，http://ehsb.hspress.net/shtml/hsb/20180406/681437.shtml

日期：2018 年 4 月 6 日第 A4 版

残障类别：智力障碍和精神障碍

公约核心条款：第十六条　免于剥削、暴力和凌虐　第十五条　免于酷刑或残忍、不人道或有辱人格的待遇或处罚　第十四条　自由和人身安全

回顾：

15 岁智障男孩被人殴打后吊绑在铁柱上身亡，犯罪嫌疑人为曾有精神病史的男子王某。4 月 5 日，陕西西安周至警方已将王某刑事拘留。

4 月 3 日晚，周至县富仁镇和平村的 15 岁智障少年任某没有回家，家人连夜寻找至次日清晨 6 时许并未找到。就在家人刚回家不久，邻村的送奶工李师傅上门告知发现任某疑似遇害。家人立即赶往县城南新街，在西四巷口发现了任某被胳膊朝上吊绑在一根铁柱上，其上身没有衣服，裤子

被脱到了半截，下身有血迹，地面有一摊血。事后经家属确认，任某的生殖器被割掉。4 日晚 7 时许，39 岁的犯罪嫌疑人王某被抓获，他有精神病史。对于王某作案意图和作案时是否发病等情况，警方仍在进一步调查。

13. 新闻标题：18 岁男子伙同 3 女子半夜凌辱残障夫妇，变态手段令人发指

出处：山东商报 / 东方头条，http://xinwen.eastday.com/a/180411102947963.html

http://news.cyol.com/co/2018-04/12/content_17093994.htm

日期：2018 年 4 月 11 日

残障类别：全障别

公约核心条款：第十六条　免于剥削、暴力和凌虐

回顾：

济南市商河县的四名青年，为满足自己变态的取乐心理，竟然先后四次非法入侵商河县一对残疾人夫妇家中，以殴打、摔砸、刀割衣物、焚烧衣物的方式，对这对夫妇进行恐吓，并以极其恶劣变态的方式对丈夫进行侮辱。接到报警后，商河警方很快抓获了四名犯罪嫌疑人。令人震惊的是，这四名嫌疑人竟然都是涉世未深的年轻人，其中最年长的不过 22 岁，最年轻的只有 18 岁，而且其中还有三名是女性。

14. 新闻标题：国航 CA1350 飞北京航班备降郑州 机场公安到场处置

出处：新京报

日期：2018 年 4 月 15 日

残障类别：精神障碍

公约核心条款：第十三条　获得司法保护

回顾：

4月15日，由长沙飞往北京的国航CA1350航班，发生一起胁持乘务人员事件。航班紧急备降新郑国际机场，武警河南总队出动90名兵力前往处置。事发时，机上一名男性乘客以钢笔作为工具，胁持航班乘务员。嫌疑人大喊，"保持5米远，不相干人等往后退"。在谈判攻心未果情况下，3名便衣武警与1名公安民警分别从徐某正面和背后同时实施突击抓捕，徐某被成功抓获，被劫乘务员安全获救。犯罪嫌疑人徐某41岁，有精神病史。事发时突发精神病，用钢笔做胁持工具。

15. 新闻标题：中国降低残疾人就业保障金等部分政府性基金征收标准

出处：新华网

日期：2018年4月19日

残障类别：全障别

公约核心条款：第三十三条　国家实施和监测

回顾：

为进一步减轻社会负担，支持实体经济发展，我国降低残疾人就业保障金等部分政府性基金征收标准。根据财政部日前发布的通知，自2018年4月1日起，将残疾人就业保障金征收标准上限，由当地社会平均工资的3倍降低至2倍。其中，用人单位在职职工平均工资未超过当地社会平均工资2倍（含）的，按用人单位在职职工年平均工资计征残疾人就业保障金；超过当地社会平均工资2倍的，按当地社会平均工资2倍计征残疾人就业保障金。

16. 新闻标题：周云蓬在上海住酒店导盲犬被拒入：被当宠物犬 法律缺规定

出处：新民网

日期：2018 年 5 月 3 日

残障类别：视力障碍

公约核心条款：第十九条 独立生活和融入社区 第八条 提高认识

回顾：

对于盲人来说，导盲犬几乎就是他们的第二双"眼睛"。然而，近日盲人歌手周云蓬带着自己的导盲犬在上海入住酒店时，却遭到拒绝，这让他无比失望。实际上，这样的尴尬并非孤例。周云蓬表示，他在外出表演入住酒店时，经常因为携带导盲犬而被拒之门外。

记者调查发现，酒店行业将导盲犬视作宠物，大多数酒店都明确规定不允许携带宠物入住。而相关法律对于盲人是否可以携带导盲犬入住酒店并无明确规定，这也导致了导盲犬出行的尴尬。

17. 新闻标题：胁迫 7 名聋哑人西安乞讨 3 名嫌疑人被批捕 两人被上网追逃

出处：华商网，http://ehsb.hspress.net/shtml/hsb/20180504/684278.shtml

日期：2018 年 5 月 4 日 A07 版

残障类别：听力障碍和言语障碍

公约核心条款：第十四条 自由和人身安全 第十六条 免于剥削、暴力和凌虐

回顾：

利用人们对残疾人的恻隐之心，青海几名聋哑人以介绍工作为由，从家乡骗了 7 名聋哑人来到西安沿街乞讨，稍有不从就会殴打、威胁。办案检察官介绍，3 名犯罪嫌疑人以暴力、胁迫方式组织残疾人、未成年残疾人乞讨，严重侵害他人人身权利以及社会道德风尚，其行为涉嫌犯罪。

18．新闻标题：大米和小米获达晨创投 4000 万元投资原创

出处：钛媒体

日期：2018 年 5 月 17 日

残障类别：智力障碍和精神障碍 / 自闭症

公约核心条款：无

回顾：

致力于自闭症和智力语言发育迟缓儿童早期康复的深圳大米和小米公司今天宣布，获得达晨创投的 4000 万元投资。大米和小米起源于创始人姜英爽于 2014 年 9 月创办的微信公众号"大米和小米"。如今，这个公众号已成为中国自闭症及广泛性发育障碍领域的头部自媒体，值得一提的是，这是中国儿童自闭症干预训练领域为数不多的一次融资。

19．新闻标题：北京自闭症服务机构静语者，陷入"虐打"15 岁学员风波！

出处：大米和小米

日期：2018 年 5 月 31 日

残障类别：全障别

公约核心条款：第十六条　免于剥削、暴力和凌虐

回顾：

北京自闭症机构静语者，在北京顺义区一处房子里开办了"静语者小院"，专门招收 15 周岁以上的自闭症人士做一些生活自理和情绪管理训练。训练一般以三个月为一期，首月费用为 8000 元，第二月和第三个月则为 6000 元。采用集中式和托养式的训练模式，一周可以通两次视频。除了第一个月不能见孩子，其他时间，家长想要探望的时候只需要提前跟老师打招呼。来自郑州的 15 岁发育迟缓男孩小象（化名）于 2018 年 3 月 4 日来到静语者小院，准备参加为期三月的"情绪行为训练营"。但在 4 月 20 日，小象妈说她接到了北京静语者侯老师（主要代课老师）的电话，要求她尽早来小院把小象接回家。在当晚给孩子裹着毛巾准备洗澡的时候发现，后背上有三块十分明显的大血痂。再细看，竟发现从头顶到腿上，竟然十几处伤！问孩子，孩子几乎说出了每一处伤情的来历……"

20. 新闻标题：22 年前 26 名心智障碍者被托养，协议背后是对良心的考验

出处：大洋网，http://news.dayoo.com/guangzhou/201806/10/139995_52198468.htm

日期：2018 年 6 月 10 日

残障类别：智力障碍和精神障碍

公约核心条款：第十九条　独立生活和融入社区　第二十八条　适足的生活水平和社会保护

回顾：

6 月 8 日上午，在广州慧灵托养中心大厅里，这里的人们相对无言，只是默默在一位老人照片前递上千纸鹤和鲜花，以表哀悼。照片中的老人叫欧阳润升，他于 5 月 28 日在白云区太和人民医院去世，享年 67 岁。这是一个再平凡不过的心智障碍者，他的安然离世，却让一个"托孤"的故事画上了句号。22 年前，欧阳润升等 26 名心智障碍者的家人凑出 10 万余元，与广州市慧灵托养中心签订"终身托养协议"，这意味着 26 人的余生都由慧灵负责照料。这份"性命相托"的协议背后，是对良心的长期考验。

21. 新闻标题：可恶！这群人竟强迫聋哑人上街乞讨，完不成任务还要挨打……

出处：衡阳市新闻网，http://www.sohu.com/a/240510248_100159982

日期：2018 年 7 月 11 日

残障类别：听力障碍和言语障碍

公约核心条款：第十四条　自由和人身安全　第十六条　免于剥削、暴力和凌虐

回顾：

聋哑人手持《残疾人证》和募捐宣传单在广场、车站、医院、商场乞讨，这样的场景，可能许多人遇到过，有的人甚至慷慨地捐出 10 元、20 元。然而，蒸湘警方近日却破获一起强迫聋哑人乞讨的犯罪案件。7 月 4 日，衡阳市公安局蒸湘分局华兴派出所联合治安大队成功摧毁一个组织强迫聋哑人乞讨的犯罪团伙，抓获 6 名违法犯罪嫌疑人，成功解救 10 名被强迫乞讨的聋哑人。

22．新闻标题：华大癌变

出处：虎嗅网，https://www.huxiu.com/article/252310.html?f=ife-ngcom

日期：2018 年 7 月 13 日

残障类别：智力障碍

公约核心条款：第二十二条　尊重隐私　第二十三条　尊重家居和家庭

回顾：

2017 年 9 月 3 日，一个男婴降生在湖南省长沙市望城区妇幼保健院。不幸的是，他的出生伴随着"13 号染色体长臂缺失综合征""脑发育不良""虹膜缺损"等一系列缺陷和疾病。这意味着，小男孩很可能会智力障碍、生长迟缓、外表异常，几乎无法正常长大。儿童的母亲质疑以华大基因为代表的无创产前基因检测出错，未能起到筛查作用，最终导致产妇生出带有生理缺陷的婴儿，且不予理赔。记者调查发现，包括广东、上海、天津、苏州等多个省市，涉及深圳华大基因、北京安诺优达、苏州科诺等多家企业。通过无创 DNA 检测，得出低危结果，却最终生下了唐氏儿的案例不止一起。

"失灵"的基因检测所引发的恐慌、诘问和斥责，家属在维权道路上所处的劣势——他们不具备判断鉴定机构是否存在误判的技术水平，也难有充分的理由证实医院在产检过程中有所误诊，甚至有人被视为"医闹"，被某些检测机构里的保安给抬走、赶走，而院方及华大基因为代表的企业，认为家属的赔付要求"超纲"。这是商业利益误导市场还是监管不力，一时间引发全社会的讨论。

23. 新闻标题：南京八岁脑瘫女童溺亡惨剧：爸爸和爷爷把她推下了河

出处：南方周末

日期：2018 年 7 月 31 日

残障类别：肢体障碍 / 脑瘫

公约核心条款：第十条　生命权　第二十三条　尊重家居和家庭

回顾：

2018 年 6 月 26 日，南京江宁公安分局官方微博"@ 江宁公安在线"发布一个查找 9 岁女童尸源启事。启事显示，6 月 25 日，南京市江宁区一河道中发现一具无名女童遗体，警方悬赏 2000 元征集身份线索。但 6 天过去了，却一直未能有效查明尸体来源，6 月 30 日，警方的悬赏额被提高至 2 万元。整整一个月以后的 7 月 25 日，此事终于有了进展。该名溺水女童是脑瘫人士，其爷爷和父亲已被警方带走。下午 7:11，南京警方发布通报称，女童是被其父亲和爷爷推入河中溺亡的。

24. 新闻标题：被关爱，被抵制　精神残疾家庭入住公租房起争议

出处：南方周末

日期：2018 年 8 月 2 日

残障类别：精神障碍

公约核心条款：第十九条　独立生活和融入社区　第二十二条　尊重隐私

回顾：

7 月 18 日，家在深圳论坛的网友发布帖子《小区房价 7 万 5，搬进来 17 个精神病人，咋办?》，质疑大量精神类残疾人集中入住公租房的安排欠妥。帖子称，华联城市全景剩下这24套公租房配给了17户精神残疾人士。虽然"说是一墙之隔，但其实双方共用公共空间，每天楼下聚集的老人和小孩非常多，业主们认为存在着巨大的安全隐患"。面对业主们的质疑，7月19日，宝安区住建局发布的《关于华联城市全景花园有关情况的说明》，承认候选家庭中，部分为有自闭症儿童的家庭。同时呼吁广大住户及网民，给予残疾家庭更多的包容和关爱，携手共建和谐社区。

导火索在社会舆论的敏感神经被刺痛前就已经被点燃。这不是深圳第一次给精神残疾人群分配公租房，也不是普通人群第一次与精神残疾家庭同处一地，甚至不是小区住户第一次集结起来就某一事件进行抗议，但高房价、高档小区、公租房、精神残疾等元素聚集到同一场景并发生反应时，冲突瞬间被引爆。

25. 新闻标题：银行办卡"遭拒""90后"视障青年起诉银行索赔1元

出处：成都商报，http://e.chengdu.cn/html/2018-08/29/content_632247.htm

日期：2018年8月29日

残障类别：视力障碍

公约核心条款：第十二条 在法律面前获得平等承认

回顾：

今年三四月份，接连两次在银行办卡遭遇失败后，在成都一家盲人按摩店工作的"90后"盲人小伙李旨军直接将银行告上了法庭。 成为被告的是一家银行。今年4月20日，26岁的李旨军来到了位于高新区天泰路附近的一家银行办理开卡业务。李旨军称，在办卡过程中却遭到了银行的拒绝，"理由是我有视力障碍无法进行书写，如果要开户，需要单位开具介绍信，带户口本由家人陪同"。

李旨军认为，他遭到了银行的区别对待，受到了歧视，决定通过诉讼来为自己维护权利。在起诉状上，李旨军提出诉讼请求，要求银行为其平等办理金融服务业务，并在成都公开发行的报纸上赔礼道歉，同时向银行索赔精神抚慰金 1 元。

26. 新闻标题：征集仅仅一天，"意见"如何有效

出处：中国残联网站 / 凤凰网，https://pl.ifeng.com/a/20180831/60001425_0.shtml

日期：2018 年 8 月 31 日

残障类别：全障别

公约核心条款：第三十三条　国家实施和监测

回顾：

8 月 30 日，国务院残疾人工作委员会办公室发布通知，就《〈残疾人权利公约〉的实施情况》（稿）征求公众意见，截至目前（今天，31 日）为止，征求意见马上就要结束。这份通知发布在中国残联的官网上，留给公众提意见的时间不足 24 个小时。《残疾人权利公约》在 2008 年缔约，自 2008 年 8 月 31 日起，在中华人民共和国生效（包括香港特别行政区），根据公约规定，首次履约报告应在公约生效两年后，之后至少每四年提交一次。不过这一次报告是第二次和第三次报告合并，是中国即将提交的第二份履约报告。

27. 新闻标题：聋哑女生下五个孩子，丈夫送走一个后又卖掉两个

出处：现代快报，http://dz.xdkb.net/html/2018-09/19/node_45.htm

日期：2018 年 9 月 19 日第 F5 版

残障类别：听力障碍和言语障碍

公约核心条款：第六条　残疾妇女　第二十三条　尊重家居和家庭

回顾：

丈夫不到三年送走三个孩子，两个被卖掉，她只能偷偷哭泣，要不是邻居举报，悲剧也许还会继续。刘茹（化名）是一名聋哑人，32 岁，来自西北山区，不会手语不识字。今年 8 月，她的丈夫程某因为涉嫌拐卖儿童，被警方抓获，日前被南京市浦口区人民检察院批捕，程某卖掉的正是他们的亲生子女。承办此案的检察官告诉记者，"案子的后续问题十分复杂，检方正在联系相关部门，努力解决刘茹和孩子以后的生活问题"。

28. 新闻标题：男生被女同学父亲杀害案 精神鉴定：嫌疑人具完全刑事责任能力

出处：封面新闻，http://www.thecover.cn/news/1188149 http://www.thecover.cn/news/1254837

日期：2018 年 9 月 23 日 / 10 月 14 日

残障类别：精神障碍

公约核心条款：第十三条　获得司法保护

回顾：

浙江温州瑞安，一个 10 岁的小男孩，被人杀害在学校卫生间内。对他动手的，是他同学的爸爸。9 月 21 日，瑞安警方通报了该案起因：犯罪嫌疑人林某某交代，其女儿周三在学校与叶某发生口角时，被后者打致眼部疼痛（伤势轻，未就医，正常上学），林某某心生怨气，于 21 日下午，携带水果刀来到学校寻找叶某报复，用水果刀伤害叶某。

网上有传言称犯罪嫌疑人或患有精神病。日前，瑞安市公安局向家属出具了对嫌疑人林某某的鉴定结果：林某某患精神分裂症（缓解期），案发期间具有完全刑事责任能力。现林某某已被瑞安警方刑事拘留，案件正在进一步侦办中。

29. 新闻标题：投 5000 元月赚 2000 元！这伙人骗了超 3 万聋哑人 5.8 亿，良心不痛吗？

出处：长沙政法频道，http://news.csbtv.com/news/00000000121217

日期：2018 年 9 月 16 日

残障类别：听力障碍和言语障碍

公约核心条款：第十六条　免于剥削、暴力和凌虐　第十二条　在法律面前获得平等承认

回顾：

2017 年 9 月份以来，全国各地接连发生多起"龙盈"投资诈骗案，而该案最大的特点是，这些受害人几乎全是聋哑人，他们都是购买了一个名为"龙盈"公司的理财产品后遭遇诈骗，由于该公司就注册在长沙市岳麓区，公安部批示由岳麓警方牵头侦办，经过近半年时间的经侦，岳麓警方终于将这一特大诈骗团伙连根拔起。

2016 年 8 月以来，一个名为"龙盈"的理财公司在聋哑人圈中迅速传播，创始人包坚信不仅是知名聋人企业家，还曾多次参加慈善活动。在圈内小有名气，受害人纷纷将钱投资理财。警方介绍，这一诈骗团伙涉案金额巨大，专门针对聋哑人群体开展非法吸收公众存款案件，涉案金额 5.8 亿元，涉及全国各省市投资人数 3.1 万人，是长沙迄今为止涉及聋哑人这一特殊群体数量最大的非法吸收公众存款案。

30．新闻标题：5 人组织胁迫聋哑人乞讨牟利 莲湖警方破获组织残疾人乞讨案

出处：三秦都市报，http://epaper.sanqin.com/html/2018-10/01/content_64636_401030.htm

日期：2018 年 10 月 1 日

残障类别：听力障碍和言语障碍

公约核心条款：第十四条 自由和人身安全 第十六条 免于剥削、暴力和凌虐

回顾：

5 名犯罪嫌疑人以介绍工作为名，长期从外地诱骗多名聋哑人通过辱骂、殴打，扣押手机、身份证、随身财物等手段，限制其人身自由，组织胁迫这些聋哑受害人进行乞讨。而令人难以置信的是，这几名嫌疑人也均是聋哑人。昨天，西安公安莲湖分局北院门派出所向媒体通报了这起组织胁迫残疾人乞讨案，这也是西安近年来破获的首例组织残疾人乞讨案。

31．新闻标题：常州一家人打了辆滴滴 突然发现司机是无腿残疾人 残疾人能否开网约车 网友为此炸了锅

出处：现代快报，http://dz.xdkb.net/html/2018-10/10/node_44.htm

日期：2018 年 10 月 10 日第 F4 版

残障类别：肢体障碍、听力障碍和言语障碍

公约核心条款：第八条 提高认识

回顾：

常州的刘先生带了一家老小从南京回常州，在火车站打了一辆滴滴。车子开到半路，他发现驾驶员竟然是无腿的残疾人。刘先生觉得很意外，

从安全的角度来想，残疾人是否可以开滴滴？那辆车子的油门、刹车等装置，也都经过改装手动操控的。"瞬间整个人就很无安全感"。刘先生说，当时父母、老婆和 2 岁大的孩子都在车上，可以说是至亲的性命全部在一个无腿驾驶员的手里，觉得很后怕。

下车后，刘先生立即报警，并投诉至滴滴客服。"我没有任何歧视残疾人的想法，我对那位滴滴驾驶员没有任何成见，也没有给评论，更没有给差评，我觉得问题在滴滴公司"。他向滴滴客服反馈，得到的反馈却是滴滴免单并赠送 30 元优惠券。他将此事发到了网上，网友们议论纷纷，炸开了锅。

32. 新闻标题：装瞎诈保案判刑　前国手哽咽"等于判视障者死刑"

出处：自由时报

日期：2018 年 2 月 15 日

残障类别：视力障碍

公约核心条款：第八条　提高认识

回顾：

2009 年，当时还在读大学的前运动员陈敬铠因为一场车祸造成大脑视觉皮质损伤，失去视力。但也让他以盲人身份成为体育老师，替失明的坐轮椅的人上体育课，甚至教失明 70 岁老奶奶学会用手机拍照。近 10 年来他拼了命让自己好好生活，一步步重建生活的同时，却被检举"装盲诈领保险金"。于今年诈欺罪定狱，判刑 1 年 2 个月。陈敬铠能自己走路到学校、能跳接飞盘、教学生打球，这一切成了法官眼中"诈欺"的证据，而对陈敬铠来说，那是他"从失败中站起来"却遭全盘否定的难堪，好好生活竟成了一种罪。

33．新闻标题：大学生"被精神病"调查："逃离疯人院"后花光积蓄打官司

出处：澎湃新闻，https://www.thepaper.cn/newsDetail_forward_2555219

日期：2018 年 10 月 23 日

残障类别：精神障碍

公约核心条款：第十二条 在法律面前获得平等承认

回顾：

2015 年 7 月，时任洛阳师范学院（以下简称：洛阳师院）外国语学院团总支书记陈贯安通知赵阳的母亲李燕（化名），称暑期留校的赵阳行为异常，希望李燕带赵阳到精神类医院检查诊治。7 月 20 日，与李燕一同赶到学校的洛阳市精神卫生中心医护人员将赵阳强制送医住院治疗，直到 2015 年 11 月 30 日允许其出院。赵阳始终坚称，自己是"被精神病"。2018 年 5 月，因二审裁定撤销一审判决发回重审，他起诉学校和医院的案件回到原点。

10 月 20 日，赵阳向记者表示，该案最关键的，不是自己有无精神病，而是自己没有伤人也没危险性，医院对其实施强制住院治疗涉嫌违法。洛阳市精神卫生中心相关负责人则表示，赵阳有严重精神障碍，存在伤人危险性，满足非自愿住院条件。他们将向法院申请司法鉴定，鉴定赵阳当时的精神状态等。赵阳表示愿意配合。

34．新闻标题：低智男子打赏女主播花光 26 万买房款

出处：新京报，http://epaper.bjnews.com.cn/html/2018-10/26/content_735832.htm?div=-1

日期：2018 年 10 月 26 日第 A14 版

残障类别：全障别

公约核心条款：第十二条　在法律面前获得平等承认　第三十条　参与文化生活、娱乐、休闲和体育活动

回顾：

19 岁的李小兵（化名）花光父母 20 年的积蓄，几乎只用了一周时间。10 月 19 日，李小兵的表哥齐业（化名）来到银行，想把李小兵银行卡上的近 26 万转到李小兵父亲的银行卡上。转账时，齐业发现，李小兵的账户中，只剩 3 分钱。在家人的一再逼问下，李小兵承认 26 万都打赏给了直播平台上的女主播。

李小兵家人认为，鉴定结果显示李小兵的智商较正常人偏低，不能准确判断自己行为的后果，希望直播平台能退还打赏。涉事直播平台酷我聚星希望家属能提供权威证据，以证明李小兵不能对自己的行为负责。律师认为，具体司法实践中，要回打赏款存在很大障碍，即使当事人被认定为限制民事行为能力人，他还须证明打赏时处于限制民事行为状态。

35. 新闻标题：6 岁女孩照顾高位截瘫父亲，直播两年引 46 万网友关注

出处：澎湃新闻，https://www.thepaper.cn/newsDetail_forward_2571209

日期：2018 年 10 月 27 日

残障类别：肢体障碍

公约核心条款：第二十八条　适足的生活水平和社会保护

回顾：

39 岁的田海成，是宁夏中卫市海原县白河村的村民。没发生车祸之

前，他开了 15 年装载机，也是一名电焊工。2016 年初，他和几个年轻人一起接了个活，钱没挣到，却在去城里要工钱的路上，坐私家车出了车祸。只有他颈髓损伤导致高位截瘫，从此只能坐在轮椅上生活。在重症监护室待了十几天后，医院不接收他了。父亲将他接回本地的县医院，没过多久县医院也不接收了，于是田海成回了家，等着断气。想死几回都没有死掉，妻子带儿子离家，他没有怨恨，都是因为 6 岁女儿，是他的精神支柱。

2017 年初无意间听人说起直播，田海成也开始了尝试，将女儿照顾自己的生活片段放在网上。近两年里，他一共收获了 46 万粉丝。女儿的聪明懂事，也获得了很多网友的喜爱。互联网如火如荼，直播浪潮也给田海成这样的普通人和普通家庭，提供了一个出口和希望。

36. 新闻标题：第五个"残障发声月"到来关注残障青少年性教育问题

出处：中国新闻网，http://www.chinanews.com/gn/2018/11-05/8668554.shtml

日期：2018 年 11 月 5 日

残障类别：全障别

公约核心条款：第八条 提高认识 第二十五条 健康

回顾：

近年来，中国青少年性教育话题被广泛讨论，但对于残障青少年性教育，挑战仍很艰巨。一直以来，中国社会公众对残障群体的认识都停留在一个不够深入的层面上。受传统观念等因素影响，中国对残障人士，尤其是残障儿童和青少年的全面性教育还不够深入。11 月是中国第五个"残障发声月"。近日，残障人士全面性教育挑战与实践策略研讨会在北京召开。如何对残障儿童与青年进行性教育，成为本次研讨会的重要议题。

37．新闻标题：大学生发明"意念翻书"却遭嘲讽……网友看不下去了！

出处："中国青年报"微信公号，http://news.cyol.com/content/2018-11/16/content_17788621.htm

日期：2018 年 11 月 16 日

残障类别：肢体障碍

公约核心条款：第二十一条　表达意见的自由和获得信息的机会

回顾：

在近期举办的长春理工大学电子科技展上，一位大学生的发明名为"人体意念控制书本自动翻页系统"的作品吸引众人关注，在微博火了！使用该套系统，人不需要肢体动作，只需通过简单的脑电波传感器就可以实现对翻书机翻书的动作进行控制。它能够为肢体残疾人士提供更加智能化、人性化的帮助，满足他们的精神需求。未来，人体意念控制书本翻页系统还可以广泛应用于多个领域，不仅对手部残疾者，而且对老年人和乐队指挥者、钢琴演奏者等用手不便的人群也将会有极大的帮助。

"意念"控制，是不是有点太"玄乎"了呢？消息一出，很多人还表示不敢相信，发明无意义？网友吵起来了！但是也有网友支持这个做法，说这个发明可以为残疾人士服务，并不是毫无用处。

38．新闻标题：浙江单眼女教师再告教育局，此前胜诉仍两度被判定体检不合格

出处：澎湃新闻，https://www.thepaper.cn/newsDetail_forward_2639523

日期：2018 年 11 月 16 日

残障类别：视力障碍

公约核心条款：第二十七条　工作和就业　第五条　平等和不歧视

回顾：

2016 年，由于"右眼义眼无眼球"导致体检不合格，做了 8 年多幼儿园老师的王丽（化名）无法通过教师资格认证。王丽于是将浙江金华市教育局、义乌市教育局起诉到法院，之后一审、二审均胜诉，法院判决两级教育局重新作出决定。

告赢教育局后，王丽先后两次进行教师资格体检，仍然被判定为"不合格"。王丽无奈再次提出行政诉讼。2018 年 11 月 15 日，浙江金华市婺城区法院公开开庭审理了该案。当天庭审持续了半天，双方的争议依旧激烈，合议庭未当庭宣判。

39. 新闻标题：暴力精神病人并不平坦的回归路

出处：潇湘晨报，http://epaper.xxcb.cn/xxcba/html/2018-11/21/content_2975889.htm

日期：2018 年 11 月 21 日第 A07 版

残障类别：精神障碍

公约核心条款：第十九条　独立生活和融入社区

回顾：

位于岳阳平江县的强制医疗所里，有着 456 名严重肇事肇祸的精神病人。这些人中，年龄最大的 81 岁，最小的 19 岁。其中 371 人犯有命案，人均背负 1.5 条人命。最严重的，1 人杀了 7 个。但因为他们杀人时犯有精神病，没有行为能力，最终免予刑事处罚，并被送到强制医疗所治疗。根据刑法规定，对于这类造成严重刑事后果的精神病患者，必要时需由政府强制医疗。强制医疗所专门收治此类精神病患者。由于复杂的原因，每年康复"出所"的患者却寥寥无几。有的病人滞留时间长达36年。是什么样的原因让这些重症精神病人回归家庭之路走得有些困难？

40．新闻标题：依托残疾组织，三名残疾人实施恶势力犯罪获刑

出处：牡丹晚报，http://epaper.hezeribao.com/shtml/mdwb/20181123/432374.shtml

日期：2018 年 11 月 23 日 A06 版

残障类别：全障别

公约核心条款：第十二条　在法律面前获得平等承认　第八条　提高认识

回顾：

11 月 20 日，山东曹县法院依法公开宣判一起特殊的涉恶势力犯罪案件。被告人沈某银、江某成、马某杰都是残疾人，他们利用自身弱势群体身份，以残疾组织为依托，多次实施恶势力犯罪。这是一起典型的残疾人涉恶犯罪案件，由曹县盲人协会副主席韩某某组织、指挥，由片长（韩某某任命）江某某带领，纠集青岗集镇范围内的残疾人，以超市销售剪刀需缴纳罚款等非法事由，动辄出动 20 余名残疾人，通过围堵经营场所等方式威胁，勒索他人钱财。被害人因担心影响自己的经营，不敢得罪残疾人犯罪团伙，选择了"破财消灾"，助长了该团伙犯罪的嚣张气焰，造成了团伙内无论谁与他人发生矛盾纠纷，该团伙均以团伙成员集体出动的方式，在一定区域内采取威胁等手段强行索取他人财物，造成了较为恶劣的社会影响。

41．新闻标题："你抱着儿子我们一起跳"　夫妻带 14 岁自闭症儿子跳河自杀

出处：海南特区报，http://www.hntqb.com/html/2018-11/24/content_128618_796937.htm

日期：2018 年 11 月 24 日第 A04 版

残障类别：精神障碍 / 自闭症

公约核心条款：第十条　生命权

回顾：

儿子在两岁时被诊断患有自闭症，夫妇俩便带着儿子辗转多地甚至出国治疗，然而多家医院的医生都说没有治愈的希望。他们不肯放弃，为了给儿子治病，卖了深圳的房产，花光了积蓄，然而儿子的病情始终未见好转，14 岁了却只有 2 岁左右的智商，24 小时需要人看护。夫妇俩备感绝望，在 2015 年至 2017 年间带着儿子到多个地方寻找自杀地点，并于 2017 年 4 月来到三亚海棠湾跳河自杀，结果丈夫下落不明，儿子溺亡，她却活了下来……近日，三亚中院对这起故意杀人案进行公开宣判，案件事实清楚，证据确凿，但案件背后的悲剧事实，却令人惋惜不已。

42．新闻标题：住院患者凌晨从卫生间跳楼摔伤 安定医院被判赔 25 万余元

出处：北京晚报，http://bjwb.bjd.com.cn/html/2018-11/27/content_300 410.htm

日期：2018 年 11 月 27 日第 A10 版

残障类别：精神障碍

公约核心条款：第二十六条　适应训练和康复

回顾：

张先生因分裂情感性障碍入住首都医科大学附属北京安定医院治疗。为离开医院，他趁夜破坏卫生间的窗户，从 3 楼跳下摔伤，几个小时后才被人送回。张先生的母亲代表儿子将安定医院及其护理公司起诉索赔。西城法院一审判决安定医院存在疏于管理的过错，承担 60% 的赔偿责任，赔偿张先生医疗费、残疾赔偿金、精神抚慰金等共计 25 万余元。二审法院近日维持原判。法院考虑到张先生是精神疾病患者，因自身疾病导致其在凌晨以破坏卫生间窗户的方式坠楼，医院无法提前发现并避免，应适当减轻医院应承担的民事责任。 此外，根据协议，护理公司对张先生的生活起居负有协助义务，而非看管义务，因此，护理公司不承担赔偿责任。

43．新闻标题：广东查处新丰县练溪托养中心虐待被托养人员案：20 人被追刑责 107 名公职人员被问责

出处：新华社，http://www.xinhuanet.com//2018-12/24/c_1123896025.htm

日期：2018 年 12 月 24 日

残障类别：智力障碍和精神障碍

公约核心条款：第十条　生命权　第二十八条　适足的生活水平和社会保护

回顾：

12 月 24 日，广东省韶关市中级人民法院和乐昌市、仁化县人民法院分别作出一审判决，对新丰县练溪托养中心虐待被托养人员案涉案 20 名被告人追究刑事责任，被告人李翠琼、潘忠蔼分别被判处死刑缓期二年执行和无期徒刑；广东省纪检监察机关对事件中存在失职失责问题的 107 名公职人员同时进行了严肃问责。该案件的背景为 2017 年 2 月发现新丰县练溪托养中心虐待被托养人员并造成人员死亡事件，该事件也被评选为"2017 年度中国残障十大权利事件"。

事件发生后，广东省委省政府迅速成立省市联合调查组全面查清事件，对练溪托养中心被托养人员进行妥善安置，对全省社会救助托养机构进行全面清查，排查和整治问题隐患。同时修订了《广东省民办社会福利机构管理规定》，出台《广东省社会救助条例》，强化救助管理工作保障。

44．新闻标题：孕妇携自闭症儿子自杀　家属：在幼儿园家长群遭抨击情绪崩溃

出处：广州日报

日期：2018 年 12 月 26 日

残障类别：精神障碍／自闭症

公约核心条款：第八条　提高认识　第二十四条　教育

回顾：

12 月 25 日在广州南沙某居民楼，一名孕妇和其上幼儿园的自闭症儿子被发现在家中身亡。孕妇家属说，孕妇是带着孩子明明（化名）烧炭自杀的。十几天前，明明曾在幼儿园打了别的孩子，明明母亲在家长群里沟通时，透露了明明有自闭症的信息，遂被其他家长群起攻之，更有家长找到幼儿园要求让明明退学。明明母亲曾对家人表示，这场风波让她濒临崩溃。因此家属猜测这是导致她轻生的直接原因。

而幼儿园园长则表示，明明刚来上学几个月，之前只是比较好动，没和同学发生过争执。但为平息其他家长的不满，还是决定让明明在家休息

几天。目前，警方已经介入调查该起事件。

附：评选委员会名单（按名称首字母排序）：

残库

残障知音

残障之声

声波帮帮盲

少数派说

小面包乐园

小丫丫自闭症

心智障碍者支持联盟

有人杂志

第四部分

2018 中国残障年度观察述评

摇摇滚滚的联合国之路

文 / 马志莹

　　就在三个月前，我大概做梦都没想到，自己有一天会在联合国会议的主讲台上发言。

　　然而就在昨天，纽约时间 2018 年 6 月 14 日下午 5 点 20 分，我作为民间代表，代表一加一，在联合国《残疾人权利公约》第十一次缔约国会议的闭幕式上，发了言。

　　绝大部分人听到这事，都觉得难以置信。我自己也有点没回过神来。所以我就在这儿回顾一下我这懵懵懂懂、跌跌撞撞的联合国之路吧。

　　2018 年三月，我收到了缔约国会议开放参与申请的消息，提到主题之一是"残障女性与女童"。作为中华人民共和国持证残障女性，也是一直关注残障、性别、照料等议题的研究者，我对这一议题一直有高度兴趣。作为一加一的老朋友、老写手（虽然我们都还年轻），前段时间还被盖章为残障观察的核心成员，我也知道这是一加一的重点发展方向。于是就找到蔡聪，他和解岩商量后支持我代表一加一参加。于是就报名咯——现在想来残障机构和残障女性还是缺乏专业培训，我们对"缔约国会议"都没啥概念。我作为一个教书匠，对会议发言的预期，就是学术会议上那种听众寥寥的报告。蔡聪整天追着我问报上名了没，我为了不让他失望，还报了不同的场次。当时想，管它呢，大概就是到随便哪个小分会参加讨论吧。

五月份，国际残障联盟 IDA 的人给我发信，说我被选为闭幕式的发言人，推荐到联合国经济社会事务办公室 DESA。我愣了一下，这比我想象的任务要重。好在解岩、蔡聪很支持，觉得能在一个更重要的场合去发声当然是好事，平息了我要吓遁的冲动。不过因为我报名时只选了残障女性专题，写了一加一和我在中国的工作经验，所以我们还是以为，闭幕式上会有不同国家的民间代表针对这一议题进行讨论。

然后就着手准备稿子，看了不少资料，跟解岩、蔡聪翻来覆去地讨论。这时我们已经比较清楚地意识到这事的政治重要性，解岩给我提了很多建议，主要是如何客观、中立、专业地去描述中国残障女性的生活，既提出问题，也看到努力和发展方向。这里先感谢解岩，原来我跟一加一的 N 剑客里，最不熟的就是你，我天性也不喜欢跟老大类的人物打交道。但这次真的跟你学到了很多中国残障权利运动的知识，以及民间倡导的实践经验。我人在美国，你在中国，想必你因为我的懵懂承受了不少风雨，但你一句抱怨都没有，也很少告诉我什么坏消息。你从头到尾无条件地信任和支持，确实是我的特大号定心丸。

再然后就是去纽约了。六月，正好是我从密歇根大学转到芝加哥大学任职之间的空档。作为一个暂时无业人士，这回真是自带干粮，用了我和老公的大部分点数换了机票和酒店，才能勉强承担大都市昂贵的开销。说这个呢，一是为了让解岩、蔡聪回头请我吃饭，二是想说，民间真穷啊。要不是我人在美国，起码不用负担越洋机票，一加一还不知道何年何月能来参加会议呢。要说借船出海，还真是民间没办法的办法——不过我这也不是什么大船，就是块风雨飘摇的小舢板罢了。

到了联合国开会，会议观察暂且按下不表。只说跟 IDA 的执行助理 Talin 沟通后，才知道我是闭幕那场民间社会的唯一代表。她说发言可以轻实质而重仪式，建议我参照开幕式 IDA 主席 Colin Allen 的发言。我一看，这这这学不了，一个高大的聋人站起来用手语发言，不仅身姿高，而且位置更高，作为十四个跨国残障机构的联盟主席，从可持续发展目标和联合国系统改革的高度，号召超越公约文字落实行动——我就算这么说了，号召力也没人家那么大啊！

一看议程，我又吓了一跳。形式上，我一开始懊恼只有 5-7 分钟的发言时间，毕竟学术会议一般都是十五分钟。谁知这算很长了，国家报告才 3 分钟，超时要切断麦克风，我这种超一点还没人管。内容上，会议中段有三场圆桌会议，已经把各个专题——包括残障女性——讨论过了，我那场闭幕式的互动对话确实要更总括。人员上，我那场四个人，其他三位都是珀金大咖，分别是联合国残疾人权利委员会主席 Theresia Degener，联合国残疾人权利报告专员 Catalina Devandas Aguilar，联合国秘书长残障与无障碍特使 Maria Soledad Cisternas Reyes。天，我这小菜鸟在她们面前简直不敢说话了好不好?!

好在本姑娘虽然无权无势无知无经验，但急智还是有点的，身边的智囊也是有那么些的。跟解岩、蔡聪一合计，觉得确实不能太具体谈中国，而要站在全世界残障运动的高度。但有这个难得的发言机会，不谈点实质问题就浪费了，也显得我们不专业。而且大会既然安排四位残障女性来闭幕式，那肯定"别有用心"。另外三位肯定不会只谈残障女性，那就由我来再次强调这次会议的重中之重吧。还有，谁说残障女性的问题，就跟会议的其他主题——数据、国家财政、民间参与、法律面前平等承认——无关呢？残障女性权利的实现和地位的提高，不正是需要这些方面的支撑么？这分明不是几颗珍珠之一，而是串起所有珍珠的线啊！

嗯，就这么愉快地决定了。当即一边听会一边改稿子，前面加些"团结的大会胜利的大会"之类的套话，中间现状分析部分简化、全球化，后面倡议更有力，联系会议其他主题。另外用一加一的历史，点出中国和全球残障权利事业的关键节点，继往开来。搞定！

当然，最终定稿，可不是只有我们三个臭皮匠的劳动。好几位英语好又懂残障的朋友帮了忙，有朋友帮忙请教了 Gerard Quinn 和 Anna Lawson 两位大咖，我还在现场搭讪请教了其他的倡导专家。收到那么多人的帮助，真是有种吾道不孤的感动。而且我惊喜地发现，平时畏首畏尾的自己，一旦想到这不是为自己一个人战斗，还是很放得开嘛！

发言的效果呢，应该还是不错的，毕竟姐姐有标准的芝加哥口音和宽厚的共鸣腔（你懂的），而且抓紧上午和午休时间练了个七八遍。但是，正当我念完稿，长出了一口气时，下一个惊喜 (xia) 又来了——居然还要总结回应，在观众快要累死，并没有人提出任何问题的情况下！天啊，我回应个啥啊，而且谁来帮我定稿啊！

没办法，我只好拿出当老师现学现卖的本领，调动出找工作时应对团团审问的经验，现场总结了两点：第一，作为机构，一加一向大家学到了很多。作为我个人，也受到与会众多残障女性的激励鼓舞，尤其是台上三位。第二，回应大会另外一个主题，国家财政空间。指出我们在一个历史的节点，目前全球经济回暖，可持续发展目标使各界关注残障，中国政府这几年也在大力加强对残障事业的投入。这提醒我们，权利从来都是跟发展密不可分的，而大会开场时 Degener 教授提出的融合平等，其中第一点就是社会经济因素。因此，我们期待有更多基于权利的发展，也希望民间社会在其中有更多参与。

呼，终于说完啦！掌声没注意听，但自我感觉没给一加一和中国丢脸吧。散场之后，好些朋友向我表示了祝贺，另外还收到联合国几位官员和欧盟驻联合国一位代表的称赞。IDA 的 Talin 之前看我不太确定，她也有点担心。散场后她专门跑过来跟我说：You rocked it!（太棒了！）

当然，说也说了，做也做了，是非功过，任人评说。只是回头看，这一路懵懵懂懂，跌跌撞撞，这些意外仔细想想倒没什么好意外的。毕竟无论是作为残障女性还是民间残障组织，我们得到的指导和机会都太少，怀疑和质疑都有点多。甚至事前孤军奋战，事后鸦雀无声，这也是家常便饭。头破了，擦擦血；摔倒了，拍拍灰。好在做得好赖，总是有人知道的。而且开出一条路来，以后就有更多的人可以走，走得更好、更放心。不是吗？

于是题目叫"摇摇滚滚的路"，以纪念我滚着拉杆书包，在摇摇晃晃充满障碍的纽约地铁里每天来回酒店和联合国的日子。也以此告诉大家：It's a rocky road, but you can rock it!

DPO 为什么要掺和家长组织

文 / 解岩

前几天，作为观察和引导者，我参加了守望心智障碍者家长组织联盟（下称：守望联盟）的能力建设工作坊的活动，主要内容为以另一家中国民间家长联盟全国心智障碍者家长组织联盟（下称：家长联盟）为对标机构，为其进行战略梳理。之后参加守望联盟 2018 年会，与包括中国精神障碍者及其亲友协会主席温洪、在不同机构担任理事的新一代家长领袖卢莹，以及守望联盟执行委员会的家长组织领导人和参会家长代表沟通。在这个过程中，我一直在思考一个问题，我们，DPO/OPD（他文再论"英文缩写的变化"），残障权益保障机构 / 残障自组织，为什么要掺和心智障碍者家长组织的事情。

早在 2014 年 7 月，当年家长联盟还叫"心智障碍者家长组织联会"，已故的"心智障碍者家长组织联会"发起人之一王晓更，艰难地保住了家长组织应由家长自治的原则，并使得心智障碍者家长组织联会顺利成立。从没有与家长组织有过接触的我，居然毫无征兆和准备，突然自荐担任监事。关于这段历史，未来合适的时候再进一步讲解。事实上，DPO 为什么掺和家长组织的事情，从那一次的下意识出手，思考就已经开始啦。

2006 年中国民间残障领域进入公约时代，我所带领的一加一与《公约》同年诞生。我们没有《公约》时代来临前的准备和积累，而《公约》

时代前中国民间残障工作的借鉴又缺少核心精神的指引。接下来，经过几年的实践，民间 DPO 从无到有，一加一有了初步的样态和特点，理论的沉淀和范式，人员的历练和培养，业务的定位和布局，随之而来的也是瓶颈和迷茫。

首先，我们已知的各国残障运动都有其自身的特点和轨迹，都有某一类残障类别作引领。在中国是视障社群，尤其是进入《公约》时代。这一结论并没有忽略中国残联，以及邓朴方主席作为肢残人所带来的贡献，我们可以更早地追溯到 1953 年，经人民政府批准成立中国盲人福利会。关于这点的论述并不是本文的重点，我们暂且搁置视障社群的先锋引领地位，仅以一加一和我的经历来佐证。当我和视障伙伴发展几年之后，发现我们并没有超人的能力，仅仅得益于行业的空白，趁人不备，先入为主，在一片荒漠中，肆意搏杀，甚至没有遇到太多阻力，就得以迅速发展。事实上，在社会残障权利意识启蒙的大片空地上，很自然地就看到了我们残障社群中组织化的 DPO，而且是不同残障类别的社群在一起。之后，行业里可见的视障精英以及其他残障类别的精英，在新时代下，或伪装，或变装，或真正成为权利的斗士，当然更多的是身残志坚的励志榜样，只是新时代下的榜样更加可爱、幽默，当他们华丽转身之后，迅速占据残障者在社会各阶层的上升通道，于是，我们开始沦为平常。

一名残障者，代替了具有法人身份的组织，一名残障者言论，代表了一群残障者，在混乱中，DPO 组织化的发展突然淹没在大量前仆后继的残障个体精英们的人海中。在外人看来，我们不断出现新的活动、形式、花样，事实上，我们是在突围，突破那些懂的或者假装懂的残障者、专家、研究者、政策制定者等各种利益相关者，当然也包括社群中的个体借助权利诉求实现自己的个人利益。我们没有任何怨言和埋怨，这不仅仅是他们的问题，也不仅仅是环境造成的，这是一场变革所必须经历的过程。但这的的确确是我们发展中遇到的第一个瓶颈。

其次，经过几年的尝试后，我们率先选择融合教育作为突破口，为什么，因为我们从小接受特殊教育，就与社会割裂和隔离，我们的同学或是按摩店的老板，或是按摩医院的按摩师，或是盲校的老师，其他的少之又少，我们没有社会资源，视障被定格在"无知""懵懂""可怕""好骗"等社会心态中。但是，当一个组织开始发展，必然会与社会发生联系，小到与办公室的房东，大到与残联或政府部门的官员、资助方、专家等，每件事都在与社会中的方方面面的人打交道，可想而知，这其中的历程，是怎样的不同和有趣。而我作为一名中途残障的肢残人，仅靠过去未残障前和发起组织后左突右进的人脉积累，才得以把一家以视障为主的组织打造成型，这包括内部的组织化建设、业务框架，外部的视觉符号、品牌形象，等等。社会的割裂，使得我们过去的社会资本几乎为零，更无从谈起消费、使用社会资源，我们没有资格，更没有条件。所以，我们选择融合教育，因为我们知道，再这样割裂下去，几代残障者会继续与社会脱节，融入和融合只是在想象中的景象。这是我们遇到的又一个瓶颈。

最后，"我是谁"，这句话在 2006 年的时候，就写在一加一的 LOGO 墙上。这也是多年来我们一直寻找和为之困惑的。"我是谁"呢？我们没有走"慈善模式"和"医疗模式"下的工作模式，于是我们也就无法有效地建立起与医疗、救助等资源的紧密连接。与普通人一样在大多数时间里，我们不需要康复，不需要吃药，我们也有上下班时间，有娱乐活动，有聚会聚餐，有出差讲课，有结婚生育等普通人都有的生活。这样非典型性的残障者，当回到公益行业，想要争取资源，一方面要表现出别人眼里的我们：励志的勇气和信心，残而不废；一方面又要会哭，又要卖惨，无论是内心还是外在的着装。还有一方面，我们更要秉承我们的使命，挺着胸膛，光明正大地谈权利。这样做我们真的很分裂，我们是谁呢？

我们选择"人权模式"，这一《公约》时代后各国共同追求和实践的工作模式，但是在中国，我们是谁呢？是一些官员眼里说怪话的麻烦制造者（Trouble Maker）？是别有用心的不安定分子？是大众眼里穿着得体、不需要救助的弱势群体？是残障社群眼里不食人间烟火的精英分子或利益集团？是同行眼里爱挑刺、占山头、抢地盘的行业一霸吗？我们彻底迷失了，以至于当有人问我从事什么行业的时候，我支支吾吾半天，吐出来一句话"我自己做"。是呀，我们是谁？我们是做什么的？这又是我们遇到的一个瓶颈。

上面三点，总结起来是，社群夺路、社会隔离、身份迷失，这三座大山，死死地压在我们的身上。2014 年前后，当《公约》的种子开始散落在一些心智障碍者家长领袖里，我依稀感觉到，晃动三座大山的时机到了，这也就解释了为什么 2014 年 7 月，我下意识地自荐"心智障碍者家长联会"监事这一行为。因为，心智障碍者家长及其组织，将在 DPO 的理念指引下，接棒中国民间残障运动，成为下一个最为有力、有效、有行动，也最为不稳定、不确定的推动者。因为，残障 DPO 的三座大山，也在他们那里，若隐若现。

关于社群夺路。无论是大龄还是小龄心智障碍者的家长，即便是大家分布在全国各地，各行各业，即便不同阶段的需求不同，即便各自家庭的状况不同，即便各自对应心智障碍者带给自己和家庭的理解不同，即便秉承的残障理念不同，等等，基于心智障碍者及家庭，大家的诉求和根本利益是不矛盾、不冲突的，大家有个共同的身份，就是心智障碍者家长。社群间，短期的、暂时的不认同、不合作都不会影响群体的共同利益。这在其他华人地区家长组织的发展历程已经得到印证。社群夺路，在心智障碍者家长及其组织，是社群同路。

关于社会隔离。每位心智障碍者家长，在得知他们的孩子是心智障碍者之前，对于残障、心智障碍者恐怕都不曾了解和接触，而现在才真真切切感受到，无论之前，你多优秀或多普通，都不会改变你是一名心智障碍者的家长这个事实，以及由此给自己和家庭带来的巨大变化和影响。于是，隔离，主动的，自己、家庭的隔离；或是被动的，被眼神、被舆论、被朋友圈、被单位、被社会隔离，各自原来的社会资源也因此回避或隔断。然而，当家长们觉醒，联络到彼此，在一起成立组织之后，原本阻隔的社会联系和资本，再次恢复，周围的同事、朋友等原本想帮助他们的资源被释放、被激活。此刻，社会隔离，在心智障碍者家长及其组织，变成了社会融通。

关于身份迷失。尽管有心智障碍者的孩子，是家长们心里的纠葛（我们不想用"痛"这个字），但只要孩子不在身边，他们又回到了一个所谓的"正常"社会身份，拥有自己的名字，而不是"某某妈""某某爸"。回到了社群，没了自己的名字，成了"某某妈""某某爸"的他们才有了一个被赋予的身份——心智障碍者家长，进而由此还会有更多的标签。是的，在不同的场景里，家长因为不具备残障者的器质性和气质型外表，不必亮出身份的时候，就是健全人，需要亮出身份，也是为人父母的健全人。身份迷失，在心智障碍者家长及其组织，是身份分时。

三座大山，在 DPO 看来难以逾越，在心智障碍者家长及其组织看来，是优势和机遇。呜呼，我们终于明白，DPO 为什么要掺和家长组织。当 DPO 发展遇到瓶颈，等待环境和社群变化的时刻，2014 年，心智障碍者家长及其组织的出现，灯中添油，为中国民间残障社群的发展续了命。因为我们和他们的孩子都是残障者，而他们是家长，基于这点，DPO和家长是亲戚关系，我们和他们，是孩子和爸妈的关系。你们孩子说不出、说不清的话，我们可以讲出来、写出来。我们无法拥有和推动的社会资本，家长可能有。家长遍布在社会各个阶层，其中不乏掌握巨大资源者。更何况涉及家庭成员的数量，就更为庞大。我们的血缘关系，割不断也打不散。不经意的一次出手，注定一生的牵手。

明确了关系，更多的提问接踵而至：

DPO怎么掺和家长组织？做些什么？

为什么以前没有家长组织，最近几年才有？

为什么只有心智障碍者家长容易抱团，而视障、听障、肢体障碍的家长并不活跃？

为什么我说家长组织不是DPO？

我又为什么要掺和家长组织？

……

这么多提问和思考，以后慢慢说，更希望诸位思考和讨论，本文就此搁笔。如今仅仅是开启，正面回应行业里一些人DPO为什么要掺和家长组织的疑问。过去，不断"骚扰"和"评点"家长组织发展，现在，一面把已故的王晓更老师和全国心智障碍者家长组织联盟收录在《中国残障观察报告2017》中，一面在守望联盟的能力建设工作坊中，公开对标各大家长组织联盟的SW（优势和劣势）。那么，未来呢？你猜！

家长组织发展要抗的九个干扰

文 / 解岩

　　写完《DPO 为什么要掺和家长组织》后，相关质疑、讨论，以及感谢接踵而来，这在意料之中，总结大家的反应，大致分为多管闲事型、酸葡萄型、吃瓜围观型、懵懂好问型、期待下文型。基于此，原本计划在家长组织这个议题上暂且搁笔的我，又起了动议，决定继续倚仗多年做 DPO 组织发展的资本，对家长组织的发展"指手画脚"一下。也就有了本文，家长组织发展需要抗的九个干扰。

康复干扰

　　从 1982 年中国首次确诊孤独症 / 自闭症开始，医疗和康复，就是家长们的第一需求。过去康复服务严重缺乏的年代，心智障碍者家长不得已为了自己的孩子创办康复服务机构，自救、自助的同时也解决周围家长们的需求。如今，政府康复补贴、购买服务项目等社会保障的实施和增加，依然没有阻止家长们创办机构的步伐，虽然确有下降的趋势和事实，但在康复服务匮乏的偏远地区始终在上演这一幕。

　　究其原因，挥之不去的始终是家长们期待孩子通过医疗和康复的手段"正常化"，这里的正常是指通过康复治愈，达到与普通孩子一样的正常状态。"治愈"一词，让家长们一旦打听到"新"疗法、"新"药物就勇往直前地去尝试。这些被部分利欲熏心的康复机构抓住机会，肆意宣传医疗手段及康复效果，骗得家长们东试西试，试到最后孩子的年龄增长只好放弃。如此循环，一拨拨的家长们不断重复。

家长组织的出现。1993 年北京市孤独症儿童康复协会的成立，是中国最早由家长和医生联合创办的孤独症 / 自闭症公益组织，同年民间成立的北京星星雨教育研究所，2001 年深圳本地自闭症家长成立的"深圳孤独症人士家长资源中心"，最初均是家长领袖率先以家长组织的形式开展工作，最终又都转变为康复机构。但不同的是，家长的基因注定她们更偏重于针对家长们康复知识的普及和提升。这是家长组织的雏形，更是家长社群在一起的核心联结，只是这一核心始终聚焦在孩子身上，而非家长本人。

2014 年之后纷纷成立的家长组织，接触和接受联合国《残疾人权利公约》的洗礼和培训，残障权利意识得到更新和改变，关注的焦点从孩子的康复情况，开始逐渐转移至家长，高举"家长走出来，孩子才能走出来"的大旗。然而，一旦家长们面对孩子生活中方方面面的挑战和困境，焦点又从自己转到孩子，自然孩子的康复依旧是主要话题。家长个人和组织，始终要面对康复关系的处理。

康复的干扰，不是康复本身的问题，不是康复不好，而是针对家长和家长组织这两个不同主体所带来的影响。一方面，强大、系统的康复意识和知识，已经根深蒂固地扎根在家长个体的头脑里挥之不去；另一方面，作为法人主体的家长组织，既有面对家长个体的康复需求，又要处理与康复机构的关系。自身一旦下场踢球做类似康复机构的服务，又回到最初家长成立康复机构的状态，就会失去家长社群组织化发展的意义。

专业干扰

成立了家长组织，"专业"一词便时常挂在家长们的嘴边，成为口头禅，经常听到家长们说："我们不专业"。专业，在家长们的眼里意味着一座大山，难以翻越，甚至原本在商业社会中风生水起的家长能人们，也觉得一头雾水，无所适从。一家公益机构组织化发展的专业性是多维度的，既有运营层面的项目设计、筹款、传播等职业技能，又有残障理念、康复知识、政策倡导等专业能力，并且相互穿插和交集，基于家长组织的职业化和专业化，基于组织的职业化和专业化，基于家长的专业化，基于核心业务的专业化等混淆在一起。"专业"二字似乎成为家长们组织化之后，最为妄自菲薄的事情，各自原本的优势和社会资本在"专业"前被丢掉或忽视。

于是，家长组织向外寻求专业支持和服务，向内促进家长理事、家长从业者的专业提升。但自身能力的提升程度必然落后于组织发展的需要，实施的效率和效果也必然落后于有专业人士介入和从业的。内部有专职社工，外部有行业专家，家长领袖们不仅要提高自己，带领机构发展，还要与这些专业人士协作和共生，又不能因此失去家长组织的主体性，即家长治理和决策。家长自己干，还是请专业人士干，家长组织始终处于选择障碍和摇摆之中。

专业的干扰，实则是家长组织主体性和核心业务的定位问题，是家长们从个体运动发展为组织化的法律身份所必经的阶段，摆脱专业干扰，需要明晰家长组织的核心价值和定位，这将经历一段相对漫长的摸索过程。

家庭干扰

自有心智障碍者，就有心智障碍者家长和家庭，这是一句完全正确的废话。但现实中，我们大多或是看到心智障碍者，或是看到心智障碍者的某一位家长，更多的是母亲。心智障碍者的家庭，包括家庭中的所有成员，似乎都是隐身人。这既反映出当家庭里出现心智障碍者后，必有一名家长牺牲自己的工作和事业，做出全身心的付出和照料，缺乏基于家庭的社会保障，形成"家有残障，该你承担，八仙过海，各显神通"的局面，又反映出家庭成员间所隐含的不稳定、不确定的风险和挑战。家庭对于家长组织的干扰，蕴藏在其中。

家庭是社会的缩影。在以前，心智障碍者被家长隐藏在家里，不办残疾人证，不出门，怕议论怕受欺负怕别人瞧不起。资讯和科技的不发达，使得家长们彼此仅靠在某个康复机构门外等孩子下课时相互认识。现如今，社会进步了，关键是因为一些家长勇敢地站在公众面前，让大多数家长发现，原来还可以这样生活，原来还有家长组织这样一个载体，可以使我和我的家庭不孤立，我不是一个人在战斗，有那么多和我一样的人。就这样，一些家长们走出家门，而此刻家庭中的其他成员所表现的或支持，或反对，或不支持也不反对等样态，终将成为家长们走出家门、彼此在一起，以及走多远、待多久的干扰因素，背后依然是无法回避的社会态度在作怪。

同时，那些家长组织的先行者们，同样受到来自家庭的干扰。经常听到她们说："家里警告了。"是的，在照料好自己的孩子及家庭和管理机构之间找到平衡，是很多家长组织的领袖们最难协调的。得到理解、释放和认同后所爆发的潜能，与现实中金钱、时间、家务、感情、养育、赡养等琐事，相互缠绕。家庭，成为每一位勇敢担当家长组织发展之责的家长绕不开的结。

公约干扰

联合国《残疾人权利公约》（下称《公约》），这枚种子落户在家长社群，既得益于残障权益保障机构 DPO 的引领和推动，也受益于一些有 NGO 背景和海外生活背景的家长们的认可和传播。同时，最近几年在家长组织里做《公约》的培训，也是因为得到救助儿童会、国际助残等国际机构的支持，以及家长组织里面职业经理人等 NGO 专业人士的认同。当家长们接触了《公约》，也不乏《公约》的追随者和传播者，但经历了短暂的久旱逢甘霖后，回到自己的现实生活，对于《公约》究竟能做些什么，如何带来现实的改变，还是产生了困惑和不解。有的人认为，这是少数家长们的追求，等家长们有意愿再讲吧；有的人认为，《公约》只是理念，倒是描绘了一种生活方式，但等我们家孩子能力好点再说；有的人认为，《公约》不适合现在的中国，要等很久之后才行……总之，《公约》这一全世界残障运动的共识和原则，在中国的大地上变成可有可无的鸡肋。

家长组织面对《公约》所表现出来的心理样态，与其说是困惑《公约》是什么，不如说是模式的困惑，即家长组织在中国究竟是以"慈善模式"、"医疗模式"、"社会模式"，还是"人权模式"展开。稍作分析发现，家长们深受"医疗模式"之害，尤其是进入义务和职业教育之后的家长们，在孩子小的时候，强大的医疗康复宣传使得他们无处可逃，各种方式试了再试，因为医疗模式下理解的"残疾"就是一种疾病，可以"治好"。家长们组织起来之后深得"慈善模式"之利，如果不带着孩子在众人面前一起表现得坚强、乐观，引发同情和关注，资源不会落到长期被遗忘的家长组织。

无奈之举也好，刻意为之也罢，没有制度保障的当下，组织活下来也只能这样为之。家长们深受"社会模式"之乱，"家长"变成所有家长共同的代名词，个体差异被覆盖或忽视，如同一名残障者被称为"残疾人代表"，大多数家长们成为少数家长领袖的背景墙。那么，余下的"人权模式"呢？对于大部分人认为的"没什么见识"的家长而言，又有多少人愿意以"人权"二字作为开路先锋呢？

遇到《公约》寄托于《公约》，家长们长期受理念局限，抓住《公约》这样一根救命稻草，希望迅速获得改变以至于期望值过高。我们都忘记《公约》是人权教育的一个工具，是组织使命和理念的最厚重、坚实的根基，需要时间不断地、反复地学习理解和运用。那些短期内借助《公约》以权利的名义获利的人，不是《公约》的信徒。

公约干扰，是所有在中国开展残障工作的组织都无法绕开的，家长组织身在其中，也无例外。

身份干扰

"我是谁？"在家庭的场景里，我是母亲或父亲，是妻子或丈夫，是女儿或儿子，是姐姐／哥哥或妹妹／弟弟……"我是谁？"在组织的场景里，我是发起人，是理事，是主任秘书长，是员工，是社工……"我是谁？"在大众的视野里，我是家长，是协会主席，是组织创始人，是公司老板…….如果再把场景里的身份进行叠加，比如，支持性就业场景中家长与自己的孩子，与他人的孩子……家长们从单纯的"家长"进入组织、社会，又从组织、社会回归到家庭，职业定位、家庭角色、社会身份，家长们以各种身份在其间游走。

身份干扰，在组织发展的不同阶段影响是不同的。建设初期，组织弱小，少数家长缺人缺钱的时候，几乎干了组织内的全部工作，家长成了工作人员，失去了家长这个身份。组织发展得到喘息，开始进入有效治理阶段，家长理事与执行团队的关系需要协调，家长本身若是某方面的专业人士，在组织管理、专业发展等方面与家长身份则会有冲突，如此等等，不再列举。毕竟目前家长组织的发展刚刚起步，未来的交给未来。身份干扰，造成家长组织的发展总是起步停车、反复经历初级阶段。

身份干扰，还受心智障碍者生命全程中基于不同年龄阶段的议题影响，这一点对于目前的家长组织虽有涉及但明显的体现还为时尚早，还有待未来的观察。但我们可以参考那些老家长个体，而非组织与自己的孩子之间的关系变化，来推测可能发生的干扰。

身份干扰，剪不断理还乱，切切实实地成为以组织化发展的家长组织的强干扰因素。

利益干扰

普通人做出超乎常人的事情都会引起关注。当被压抑很久的心智障碍领域里，人间大爱的母亲们，不离不弃的父亲们，带动一批同样的家长大大方方地站在公众面前，社会定当给予赞赏和回馈。然而，利益的潘多拉盒子打开后，人性的善与恶在家长们的心里萌动和滋生，利益，成为干扰家长组织发展的一道无形的墙。

利益，不仅仅是家长组织面临的干扰，公益机构大多如此。当家长们发现，申请项目可以有钱花，参加培训可以有差逛，评为模范可以有名出，于是，争执开始了。同一机构的家长，不同机构的家长组织彼此意见不一，利益造就了江湖，更造就了纷争，表面上是理念不合，实际上是利益分配。家长们原本单纯的初心，就这样被消磨。家长组织，依然走不出中国公益机构发展的类似魔咒。

利益，家长组织与其他公益机构不同，涉及家长群体的公共利益与个别家长的私人利益。无可厚非，早期走出家庭并成立家长组织的家长领袖，会因社会资本的动员和获取，率先得到私人利益。我们姑且假设他们获得了实际利益（也可能满身伤痕），但大多数心智障碍者和家长们的群体受益依然缓慢，甚至停滞不前。因而必然引发群体内部关于利益的讨论和争夺，影响社群的团结，这也是最不确定的。

在名利面前，关注利益，我们无须狭义地解读为这是抹黑家长组织，更无须多言利益带给家长组织发展的变化。它将长期伴随家长组织，乃至中国公益机构的发展，我们只需时刻警惕，防止利益左右家长们的初心，分裂家长组织的力量，使得好不容易集结起来的家长社群又再次回归为个体。

领袖干扰

当组织争取到资源，获得发展，领袖和团队的关系，随着组织发展的壮大，也越来越复杂，以至于造成团队出走或者拖垮领袖。这对家长组织来说，尤为明显。

家长们聚集在一起，缺钱缺人的时候，是自己掏钱干还是掏钱雇人干，不同的选择，没有对错，需要的是更为理性的辨识，如家长们聚在一起的诉求是否一致，彼此是否信任，性格是否融洽等等。而这时候，领袖的作用往往会更为凸显，在他（她）的带领下，组织突飞猛进地发展。同时，在项目、活动、培训、考察等事务性工作的压力下，这些家长精英与普通家长们、团队中的员工们，原来彼此的距离进一步拉大，本来平等的关系，突然变成上下级发号命令的关系。组织，变成一个人的组织，其他人产生了惰性和倦怠，更失去了向前的动力。在领袖的指引下，大家发现每个人都是渺小和无力的。渐渐地，家长组织，这是谁的机构？谁控制组织的发展？谁对其有归属感？一系列疑问，在家长组织的创办人、理事、家长会员、员工等角色中蔓延。

领袖，既肯定他（她）的贡献，又限制他（她）的权力，这是对家长领袖们的提示，又是对每一位参与家长组织建设的家长们赋能的要求。领袖干扰，或许是暂时的，但其影响是永久的。

行政干扰

过去，家长们组织在一起，这对于残联而言是有担心的。怕家长要，怕家长闹，一来二去，各自在彼此的心目中都有了芥蒂。随着社会的发展，尤其是近些年来，家长与残联良好的互动，既改善了心智障碍者的生活，又带给了残联工作政绩。同时，随着民政部门的注册制度进一步开放，心智障碍者家长组织，具备明确的法律身份，目前在各地多以社会服务机构的形式注册，少数地方得到突破获得社会团体的法律身份。家长，从被排斥、怕他们闹，到现在可注册、多扶持。行政干扰，本该逐渐减少。

然而，正是因为社会的进步和开放，原本不是问题的成为问题，原本没有发现的问题得到释放，在改革和发展步入深水区和攻坚期，心智障碍领域成为难中之难。心智障碍者的权益保障和家长们的诉求，必然引发、触动和撼动社会的政策、系统和利益，推动社会进步和改变。当家长组织针对某一议题进行政策倡导，尤其是进入该议题的核心和关键阶段，自然会触碰现有利益群体的抵抗，甚至是反扑。他们或无功而返，或收效甚微，这势必又会带来家长们的愤怒、怨气和不公的情绪，于是，又回到以前与残联、民政等部门互不信任的状态。

同时，民间涌现出来的家长领袖们，逐渐进入各地方残联的视野，各地智力残疾人及亲友协会、精神残疾人及亲友协会的主席、副主席也面临换届。由此，各地兼具机构负责人和专门协会主席双重身份的家长越来越多，成为残联视野中民间和官方的跨界人士。这些家长们在政策倡导时，既有身处体制内得天独厚的优势，当进入倡导议题的核心和关键阶段又会再现前述提及的情况，这对于家长社群和组织的影响很是微妙。

行政干扰，是所有干扰家长组织成长因素中最无形而有力的一个，仿佛压在每一位家长领袖心头的大石，要处理好这一干扰需要智慧和行动。

商业干扰

商业的干扰，来自外部和内部。外部，是商业社会急功近利的特征对于心智障碍领域服务质量的影响，这点从《中国孤独症家庭需求蓝皮书》中对康复机构/学校的专业水平满意度调查中得到证实，近一半的家长表示不确定、不符合、非常不符合。来自民间的感受，无论是大龄家长，还是小龄家长，谈及康复机构都是摇头和一声叹息。

内部的干扰，一浪高过一浪。第一浪是当下公益行业中关于商业手段解决社会问题的大讨论和大实践。在这一浪的掩护下，家长社群中，一些具备商业背景的精英家长们，适时出手第二浪。他们一面为社群擂鼓助威，摘取更多社会职务，一面用商业模式解决商业诉求，在公益与商业间游走。

站在个体角度，无从指责，但这些家长们对于家长组织的影响，更多在于非营利组织的法律身份对组织使命和价值观的影响，这些会搅乱家长们在一起的初心。

商业干扰，不分时间，不分地点，无孔不入，千变万化地侵蚀着脆弱的家长组织。此刻，多说不宜，静待发展。

九个干扰，背后至少隐藏有九个成因。但本文只谈各项干扰因素，不谈如何去除干扰，也许在家长们看来，还是不过瘾，并且忽略了重要的干扰因素"钱"，这是我故意的。不同的组织受到的干扰不同，但相同的干扰的确都是"钱"，但如果所有落脚点都在"钱"上，那我们的家长们为什么要出来做一件需要"钱"才能办的一级组织呢？那我们的家长们为什么不干脆直接创业给自己的孩子一个可期的未来呢？谈"钱"不伤感情是伤"心"，那颗飘在空中、无处落地、未曾安抚，又百感交集、血脉贲张、不能自已的"心"。

2014 年之后的中国家长组织，短短几年，从数量到分布的增长和扩展，速度之快、势头之猛，干柴烈火般燃烧起来，但仅仅完成了第一步组织化。接下来，不同发展阶段的不同组织，唯有三个字：做就好。干扰，不是困惑、困扰和困境，只是杂音、警示和迂回，即使暂时的犹豫和停滞，也无法动摇前进的方向和目标。抗干扰，需要家长们的觉醒、赋能和行动！

那么，本文是否就已经干扰到各位了呢？

家长组织为何需要与研究者建立联系

文 / 李学会

复旦大学社会发展与公共政策学院　博士候选人

深圳市守望心智障碍者家长家庭关爱协会　研究员

加入深圳市守望心智障碍者家长家庭关爱协会（以下简称守望协会）做研究员恰逢"满月"，加之 6 月 21-24 日参与守望心智障碍者家长组织联盟组织的"心智障碍者家长组织核心成员团队建设"和"守望心智障碍者家长组织联盟年会"，有颇多感触与收获。

本不想过多地写这些感想，一来这些想法或多或少是碎片化的，讲不清楚则徒增误解；二来与我个人的研究 / 发展议程有关联，不再有像几年前迫切想纳入自己研究议程的兴奋感，因为一直专注做残障研究不需要各种转身。经多人撺掇提醒有必要分享出这些想法，姑且谈点初步的想法，以待后续的系列思考加以系统化。

心智障碍者家长组织与研究者之间的联系，包含两个方面：一是心智障碍者家长组织为何 / 如何与研究者建立联系；一方面是研究者为何 / 如何与心智障碍者家长组织建立联系。本文仅分析第一个方面，就其必要性、建立联系的困难以及可能的策略展开讨论。另外，需要说明的是，本人所谈的是一般状况，以及个人作为一个"半学者"的经历，不涉及对任何组织与个人的评判。

心智障碍者家长组织与研究者建立联系的现状与困难

据守望心智障碍者家长组织联盟年会上所附《心智障碍者家长组织发展状况评估报告（2018）》调查显示，家长组织所获得的社会支持来源主要为家长、志愿者和基金会，分别代表了服务过程中的服务资源、人力资源和财务资源（参见图1）。受调查家长组织对其获得的社会支持来源进行主观评价，认为所获得的专家学者的支持远低于家长、志愿者和基金会，表示"非常大"和"非常大"的比例较低，几乎排在末尾。

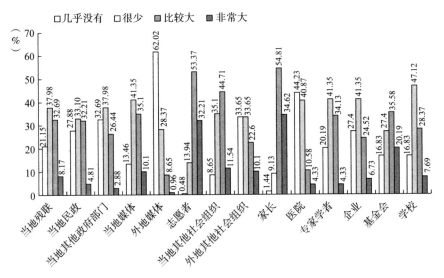

图 1　家长组织获得的社会支持来源

为何呈现这种格局？我想大致有以下几个原因。

第一，双方建立合作关系的意识不足，或者认为研究/研究者提供的知识不重要。仅以家长（组织）来说，比较排斥"学究式""教科书式"的研究或者研究者，甚至一提到研究就会觉得与实务离得太远，宁愿做具体的事情。

第二，信息不对称，有心却无途径。尤其对年轻的家长组织来说，其社会资源还不够丰富，所知晓和建立联系的专家学者自然少，且认识的专家学者未必有兴趣或者能够将家长要求纳入其研究日程。

第三，基于已有的合作经历，研究者并不能提供有助于组织发展所需要的知识。这个可能更大程度上与研究者个人有关系，但建立关系需要各种交易成本（时间、信任……），很显然"受过伤"的组织其积极性不会太高。

第四，从现实状况来看，潜在的"合格的"能够扮演知识提供者的研究者并不多。大概我这几年的孤独感之一即是来自于此。残障研究（不同于研究残障，也不同于残疾人研究。[1] 无论在国内还是国外，都是相对边缘的学科或议题。而据本人的观察，目前无论是功成名就的相关专家学者还是初出/未出茅庐的"半学者"，无论是本土的还是喝过洋墨水的，鲜有足以承担起"思想者"角色的人，即便是单纯的"知识传递者"也不多，且单纯的知识传递路径值得反思（例如以《公约》条款剪裁现实，而不去讨论现实发展的历史、文化与实践脉络）。对于那些相对成熟的家长组织而言，的确不容易找到既了解组织社会知识与实践，也了解残障群体脉络，既了解国内外残障研究，也了解国内外社会服务大致状况的研究者。

第五，其他原因，例如有心无力（付费）、家长组织的功能定位（不需要与过多研究者联系）等。

心智障碍者家长组织与研究者建立联系的必要性

某种程度上，二者间建立联系的必要性是一种不证自明的共识。但在实

---

1 可参见李学会《残障观的多元范式与残障研究的转向——兼评〈残障权利研究〉与〈障碍研究〉》，社会工作，2016,（3）：64-74。

践中，无论是已有的偏见还是既有不愉快的合作经历都在侵蚀着这个共识。

但我还是认为，心智障碍者家长组织有必要与研究者建立联系。这个必要性也大致等同于建立联系有什么好处。虽然从功能反观必要性会有些局限，但对于启发建立全局观来说实属一种策略。

第一，通过研究总结家长组织现有的实践，克服碎片化的思考。家长组织也在做一些总结性的工作，但毕竟家长组织中受过专门社会科学研究方法训练的人不多（当然很多某些专业的学者亦没有），因而放在组织层面、制度层面、政策层面、社会层面、国家层面思考的知识和方法不足。研究者的系统性研究某种程度上能够解决这个问题。

第二，家长组织相关者需要学习一些专业知识，这似乎是所有从事社会（工作）服务者必备的意识，也有助于提升工作的"专业性"。例如，我在上海虹口特教中心的兼职科研员经历，其中一个做法是"让之前的服务对象成为服务提供者……""让志愿者自主决定某些活动的形式……"，对于学过社会工作的半学者来说，可以用更简短的术语来概括，那就是"助人自助""赋权"。这种知识即省去了"废话"时间，也获得了提炼具体做法的概念框架；既实现了上面第一个目标，也能引起研究者关注的兴趣，搭建起研究者与家长组织之间的"概念桥梁"。

第三，有助于家长组织中工作人员的职业发展。无论有的家长转为全职还是聘请专业工作人员（例如社工、特教老师等），都需要进入职业体系所需要的专业知识和技能。例如发表文章、会写报告、会写项目书都有助于个人的发展，家长组织中个人的发展所具有的"正的外部性"就是整个家长组织的发展和领域生态的改善。就我个人在虹口特教中心的经验而言，我三天两头说做研究、做总结，前期我和工作人员合作过一些，例如，李学会、吴玲《特殊学生社会排斥的社会工作介入：基于生态系统理论的方案优化》，载张万洪主编《残障权利研究》第三卷 2016 夏季号，北京：社会科学文献出版社，2016；李学会、李晶晶、傅志军《扩展送教上门的内涵：生态系统的视角》，《理论观察》2016,No.116（02）:124-126；李学会、李晶晶《家庭为本的残障社会服务与福利治理——基于一个服务项目的实践与评估》（发表中），也间接指导过一些。这些写作无疑对工作人员大有助益，例如评职称、发表论文、申请项目等。而他们显然不需要我再讲啥重要性，即便没有我，实际上我也参与得越来越少，一样可以做得很好。影子退场，这是不错的状态。

第四，生产和记录残障领域的进展。国内（高质量的）残障研究不丰富，其中一个原因是承载研究对象与内容的载体不够丰富。且不说研究者的问题，似乎家长组织也尚未意识到家长组织行动、家长心态等这些"琐碎小事件"的重要价值。在一篇文章中，我谈到"这些题目背后的思想逻辑为赋权提供了思路，稍加转化就会成为导向社会倡导的行动。从这个意义上来说，书写自己的残疾资历，也是体会社会结构微观权力运作的过程"。而且"如何开发这些被'冻结的'残疾资历档案，使之成为理解我们社会中精神健康世界的阶梯，是残障研究者的使命"。[1] 这一点看上去是对研究者的要求，但是何种情况下家长组织遇到研究者却是不可预料的，不妨在此之前家长以及家长组织多一些准备。

心智障碍者家长组织与研究者建立联系的策略

具体的实践策略，我也知之甚少，或许一些家长组织可以成为一些案

---

[1] 参见李学会《书写残疾资历：创造一种再现残障的文本——读〈残疾资历——香港精神障碍者文集〉》，载张万洪主编《残障权利研究》第二卷 2015 冬季号，北京：社会科学文献出版社，2016。

例。但是建立关系时以下几个方面值得注意。

首先，是心态上保持"有限度的乐观"。心智障碍者的家长面临许多紧迫的需要和问题，对知识和思想也处于极度渴求的状态。然而，研究者的研究相较起来却按部就班。这与研究者知识生产的节奏和特点有关。研究者固然可以从其研究历史的经验中给家长组织一些发展的建议，如果没有与家长组织长时间的联系，那么这些建议或多或少因为缺乏经验感而有些轻率。但是系统的研究需要时间，寻找（理论）切入点、纳入研究议程、收集资料均是如此。

其次，二者有着不同的逻辑。实务者更需要具体可用的知识以及宏观视野的拓展，而研究者似乎不愿意被拖入经验实践的泥淖。此外，"不发表就出局"也迫使研究者更注重研究成果在另外一个评价系统循环。研究有多种取向，发表市场（各种期刊）也影响研究取向及最终的呈现结构。因此，某些时候一些研究未必直接对实践者有用。例如，社会工作领域（所谓不离本行）一些发表在顶尖杂志上的研究，批判性有余建设性不足，实践者还得面对一地鸡毛。这是一线工作者不喜欢研究者的一般原因，与具体的研究者关系不大。当然，回到残障研究领域，似乎即便"不讨喜"的研究也还不多。

以上是本人一些"不大自信"的想法。在守望心智障碍者家长组织联盟年会上，我尝试把心智障碍者家长行动与政策回应的历程概括为"家长先行，政府跟进"，貌似得到一些积极回应（周沛教授有扩充，以后再细说）。也被解岩"怼"不够自信，如果有需要，本人也会多分享些尚不够成熟的想法、介绍一些重要研究，期待能够架起研究者、知识、实务工作者之间的桥梁。

手语的错位

文 / 解岩

涉及听障，一直以来我们都不愿意在残障领域当下所处的发展阶段进行正面的回应。因为太复杂，表面上看着听障者，除了听不见、听不清或者说不清、说不了，其他好胳膊好腿好眼神的，不应该复杂呀，但事实上，他们难以进入社会，早在公元前 1000 年，希伯来律法不允许聋人享有财产所有权，他们像"隐身人"一般活在我们周围。

从 2016 年听障儿童的"橙色书包"事件以来，酝酿与听障议题相关的思考评论，一直缺少契机。直到 2018 年 7 月 3 日中国银行业协会正式对外发布《银行无障碍环境建设标准》（以下简称《标准》），媒体的报道显示，银行网点应配置至少 2 名具有手语服务能力的服务人员，为听力、语言残疾客户提供便捷服务。这一《标准》最终促成听障议题的展开。那就先从老百姓最熟悉的手语开始。

最新发布的《标准》要求，银行网点至少有 2 名具有手语服务能力的服务人员，我们只能"呵呵"。也不能说这事不对，一方面，拥有手语语言一直都是听障社群争取的"信息和文化平权"，中外都是如此；另一方面，从 2006 年上海 50 名手语翻译员首次获得中国劳动和社会保障部颁发的职业资格证书到现在，我们看到手语翻译在各地多以志愿者、手语爱好者身份出现，专业的手语翻译者少到一些地方根本没有开设此类资格考试。手语翻译，还不能成为一个职业，那么，银行网点数量 X2= 多少人呢？数学太好，缺少实证才得不出答案。即便如此，我们依然不能说这事不对。但这反倒开启真正想说的话题：手语的错位。

错位一，身份错位。听力造成语言上的障碍，使听障者在人群中产生分离感，教育、工作、社交、日常交流等场景里被孤立、被误解、被隔离，而这种状态偏偏又是从人的外在上看不出的。随着科技的发展，人工耳蜗技术的进步，尽管还是能听出语言障碍的痕迹，但部分听障人可以开口说话了。随之而来的就是手语这门语言我要不要学？学了要不要用？这部分听障者率先受益于科技跨越障碍，但产生的新障碍变成"我究竟是谁呢，听障者 or 健听者？"身份由此错位。

学者张稚鑫在《徘徊在"听"与"聋"之间：回归主流教育中听障大学生的身份认同》一文中，依据国外的理论发展出一个认同倾向，以手语能力（横轴）与口语能力（纵轴）两个角度来作分析架构，发展出四种可能的身份认同状态，分别为：

我，口语越高，手语越低，以健听人为主的身份认同；

我，口语和手语能力都很高，双语、双文化的身份认同；

我，口语越低，手语越高，以聋为主的身份认同；

我，口语和手语能力都低，边缘人的身份认同。

身份的错位，意味着我——一名听障者，当科技有可能改善我的语言能力的时候，我要尽力去接近主流的标准，形成听障隐身，更像一名健全人，以适应社会对我的要求。从各地残联和公务员招聘残障者的状况观察，你会发现，这样的听障"隐身人"是首选或优选。但同时，他们也会遇到一个非常 funny 的景象，当用工单位并不知道他们的情况时，招聘条件上设定为四级残疾级别（入门级），以为这个级别的语言能力还不错，当看到他们的残疾等级为一级的时候，以没有手语支持为借口将其"误驱逐"。可事实上，并不是如此，这给残疾级别为一级但语言能力还不错的听障者以极大的困扰。

身份呀，都谈不到社会分层，只是"我是谁"的社群归属感对听障者来说都是一个"迷"和"惑"。

错位二，权利错位。手语，在中国，到底是权利还是服务？这是手语的权利错位。浏览国外和中国台湾地区听障社群的平权运动，手语，都是重要的社会运动符号和标志，争取的权利是在信息获取和社会融入基础上的各项具体权利。也就是说争取获得手语的支持，不是目的，是实现权利的手段，没有手语，我的权利无法保障得到实现，但即便有了手语，我的权利实现还需要法律、政策上的保障。

而当下中国的残障事业发展，手语，是提供的一种社会服务，是权利的宣告而非实现。我们需要清醒地认识到，服务是通往权利实现的手段和路径，如果只谈纸面权利，不谈落实权利的保障，如果仅把提供服务当成权利的实现，如果错把服务手段当成目标实现，那么，权利错位在所难免。听障社群如此，其他社群也一样。

权利呀，都谈不上落实，只一个"我有什么权利"的意识层面对听障者来说都是一个"缺"和"漏"。

错位三，文化错位。听障社群里讨论最多的是聋人文化。何为"聋人文化"？是听力损失或无听力的群体所特有的文化现象；是由独特的聋人语言、心理、个性、交往、风俗、艺术、文学、价值观等组成的；是采用美国的 Deaf（聋人）英文开头的大写【D】，是以聋人为一社群分享手语语言和文化的定义，不是医疗模式下的小写 deaf。台湾地区的听障学者林伶旭指出，一个 deaf 不一定认同 Deaf 族群文化的人，但 Deaf 的成员则认同本身的文化。关于聋人文化的解读还有很多，但奇怪的是，仅是在听障社群偏重讨论和研究社群文化。其他残障类别并未完全形成"视障文化""肢残文化"等。这是手语，为这一文化的呈现做出的贡献。

然而，现实的中国社会是否承认"聋人文化"呢？是作为某一种文化范畴里的"亚文化现象"看待，还是一种多元文化，同其他文化一样具有明确的目的、文化价值，反映出文化自信和自豪感，并作为文化遗产代代相传呢？我们试图承认，但同时又产生迷茫，我们的听障社群在哪里？

文化呀，都谈不上自信，只一个"我们都在哪里"的社群归属感对于听障者来说都是一个"乱"和"茫"。

由于身份、权利和文化的错位，相比其他障别，听障者因为有了手语，在听障社群显得尤为不同。也正因为有了手语的普及和支持，这一政治正确的事件，才有了我们上述的思考。必须承认，听障的议题，一旦开启会更为复杂和缠斗。这一次，暂时露出一点点缝隙。错位，是离开原来的或者应有的位置，接下来一旦缺位、越位，不敢想象。

最后，在中国谈到听障，不整个舞蹈千手观音似的艺术形式，都不叫懂听障，于是，我也就从众一次，介绍 2018 年 5 月份在韩国上映的改编自杜琪峰执导的同名国产电影《毒战》。五天票房就突破一百万人次，这部警匪动作片也由此成为今年以来最快突破百万观影人次的韩国电影。这是一次韩国电影改编中国电影的胜利，也可以说是中国电影逆向输出韩国市场的胜利（文化自信）。影片中两位制毒天才，都是听障者，还有大段的手语片段。建议与国产《毒战》里大聋、小聋对比观影，以分辨不同国度、相同题材的影视作品中的残障者形象。

而我更为好奇的是，为什么以控制人的毒品为题材的电影中，出现同样易于被控制的听障者角色？停！！！说好只露缝隙……

盲人励志哥 高考 623 "超常化表达"要不得

文 / 蔡聪

又是一年高考成绩公布时，自然是有人欢喜有人忧。不过 2018 年的这一时刻，因为一位上海的视力障碍者，让人们的关注点跟以往有了一些不同。

《新民晚报》6 月 24 日的一则报道《与上海高考最高分仅差 3 分的他竟是盲童！然而"励志哥"一家却超级"淡定"》，迅速在微博和微信朋友圈里刷屏，众网友表示惊叹之余，也纷纷调侃"这则新闻一定不能告诉妈妈，不然会被打死"云云。

作为一名视力障碍人士，我自然为这个孩子能考出如此成绩欢欣鼓舞，也为其能够给读者们带来残障者的积极形象点赞。但同时作为一名长期从事媒体如何报道并呈现残障议题监测与研究工作的残障人组织（英文简称 DPO）的工作者，就这则新闻以及其所引起的传播影响，我觉得有一些事实和其背后的框架应当指出。

首先，上海市的盲人，参加的并非全国统一高考，而是自 2002 年起，在上海开始举办的单考单招。2002 年的考试采用的是 "3+1" 形式，具体科目为语文、数学、英语和历史。试题内容由上海市教育考试院根据难度略低于普通高中的特殊教育课程标准出的，难度略低于普通高考。当年考生如果分数达标，可以进入上海师范大学就读。经过多年的发展，目前上海市盲人单考单招也发展成为"3+3"模式，系统内招录的大学增加华东师大、上海师大和工大三所。这也是《新民晚报》该则报道中主人公遗憾不能上复旦的由来。

这样一个背景信息，其实在该记者的报道中有所提及。文中有这样一段话，"自从 2002 年上海高考向盲童开放以来，上海盲童学校每年都有大约五六名考生参加高考，而且录取率相当高，接近 100%，迄今已有近百名盲生考取大学。今年参考的两名全盲考生和三名低视力考生也都全部大幅超过本科分数线，这都得益于他们在盲校里接受的并不'特殊'的特殊教育。"

但是这个背景信息并未展开。而我之所以在此处要将之指出，是因为，这则新闻的标题明显存在误导。因为单考单招的考试成绩，与上海市普通高考的成绩，根本没有横向的可比性。因为其标准和难度都有所不同。

当然，我在此并非否认该视障考生的优秀，而是从该新闻所引发的讨论来反观，这种报道模式，属于残障新闻报道中的"超常化表达"，通过与非残障人的比较，来凸显取得成就的残障人士的"身残志坚，自强不息"。这样的描述传达的其实是对残障人士能力的不信任，以及对其较低的期望值，目的是通过新闻传播发挥残障人所担负的对人们的"励志"价值。

网友们纷纷表示这则新闻不能转给妈妈，其背后隐含的意味是，如果转给妈妈，那妈妈可能的回应应该是"你看人家一个盲人能考成这样，手脚健全的你难道不应该感到惭愧？"。而类似的遭遇，在残障人的生活中并不鲜见。我在 2017 年《奇葩大会》所作的《这个世界上不应该有"残疾"人》的演讲中，也讲述过上学期间类似的遭遇。因为学习成绩好，而被老师用类似的方式夸奖，并同时刺激更多非残障的同学。

但当时我身处普通学校的普通班级之中，也许从学习成绩上可以做一些横向比较（我不赞同这样的做法），但在这则新闻里，明显不可以这样比较。而该报道并未明确指出这项事实。

新闻本身并不是客观事实的反映，它的产制过程，也是一个拥有权利的人基于其框架建构的过程。从上述内容和新闻的标题综合来看，难以排除故意误导受众以达到其传播目的的嫌疑。而其塑造个人才华与努力成功的"个人英雄"的同时，也是在进一步加深人们对于残障群体"难以成功"的偏见与"无能"的刻板印象。这与联合国《残疾人权利公约》所倡导的社会模式相悖，即认识到残障人的处境是社会中的环境障碍和人们的负面态度对其阻碍所造成的结果。

第二个重要的背景信息是，我国非上海户籍的视力障碍人士在 2014 年以前，同样只能通过单考单招进入大学。只是相较上海而言，他们只能进入长春大学特殊教育学院、北京联合大学特殊教育学院和滨州医学院特殊教育学院。其专业为针灸推拿和音乐，并非如上海那般丰富与可选。而自教育部发出《关于做好 2014 年普通高校招生工作的通知》（201401号）后，大陆地区的视障人士才开始能使用盲文和大字试卷参加普通高考。

近年来，已有数十位视障学生考上了诸如武汉理工大学、温州大学、东北师范大学、辽宁师范大学、南京特殊教育师范学院等。

从这一背景信息，能看到区域间的差异，对我国大陆地区视障高等融合教育的发展具有相当意义。但因为这则报道属于消息加人物故事，并非深度报道，没有对该议题做深入挖掘，无甚不妥之处。

但文中提及该考生"遗憾不能报复旦"，以及公众号"大手牵小手"发布的《上海一盲童高考 623 分，距最高分仅差 3 分！他们家的育儿经真是了不起！》一文中表示"盲童考生的试卷形式和内容，是根据特殊教育教学标准制定的。有媒体获悉，清华大学等国内名校已纷纷向他递来橄榄枝"，又将另外一个问题推到了我们面前，即残障领域在公众传播中的道德压迫。以相关的背景信息来看，盲人有没有渠道上复旦大学？当然有——参加全国统一高考，以相同的分数线与人竞争。但结合两个背景信息的缺失，以及新闻标题可能产生的误导，在其报道中谈及该生无法上复旦的遗憾后，很容易给读者产生一种情绪，即如此优秀的残疾人，凭什么不给他一个机会。这种情绪，可能形成对复旦大学的道德压迫，也可能会让更多学校来一个"特事特办"。

从我作为视力障碍人士的私益角度出发，其实我巴不得针对残障人的事情，能特事特办，我还想坐火车和飞机，残疾人都能免票。但是从公益的角度来讲，我觉得，我们需要的还是一个公平的、合理的制度保障。

如果复旦今年招，明年招不招。如果清华录，那么清华明年录不录。如果招，如果录，以什么规则招录，而上海以外的盲人用什么标准录？

一方面，所谓的特事特办，在奉行能力主义的现有文化环境中，能够从中获利的，是那些拥有资源和权利的人，而不是对所有群体的保障。如同 2017 年甘肃轮椅考生致信清华引发关注后，《新京报》的一则评论《人生实苦，所以请你足够优秀》中所言，如果这位考生不是因为考分高，恐怕是没有这样的机会收到清华的鸡汤和大家的鼓励的。

另一方面，特事特办，也就意味着你的权利需要依靠他人的意志。譬如在 2017 年安徽视障考生与东北师大的互动过程中，开始有新闻报道说学校让其住在校外，引来一片叫骂之声，认为东北师大拒绝盲人。可转天又有报道说这对父子又要导盲犬又要残疾车，一下就变成了这对父子贪得无厌。而我也在想，如果有公开信息可以看到上海盲人高考的试卷，其难度"万一"特别低（类似我 2004 年参加长春大学单考单招时的语文考试，还有用"一边……一边……"造句）发现其实没有可比性之后，还会不会有给复旦的舆论压力，或者一些反转。有兴趣的人可以申请上海教育考试院的信息公开噢。

再次重申，我并非对该考生的优秀质疑，因为这孩子我认识，也很欣赏，也并非否定单考单招成绩的价值。这里讨论的是这些事件的背后，如果习惯了特事特办和道德压迫，对于残障人士平等受教育权利的制度性保障不利。

最后，还有一个背景信息，那就是我国大陆地区目前视力障碍人士在义务教育和高中教育阶段的具体情况，从前文中看到上海的盲人高考难度低于普通高考，可窥得一斑。

盲校的教学质量、教学水平和这种隔离的教育模式所存在的问题是什么？是盲人能力不足，还是教育理念落后？

还有就是，在世界范围内，乃至我国签署并批准联合国《残疾人权利公约》之后，融合教育间的差距。

这些更为宏观的背景，能够让我们跳出对残障的固有框架和道德压迫，真正走向残障人受教育权的机会平等、过程平等和结果平等。它包括我们隔离式的特殊教育的改革，融合教育环境的支持体系建设，也包括打破区域间的不平衡与限制，以及处在单考单招向统一竞争转轨期的残障人教育权利实现的特殊保护程序，也就是如何通过诸如配额制度的肯定性行动（affirmative action），来加速其权利实现。但无论如何，应该引起关注的，是制度性的、系统性的保障与建设。

这可能不是一则消息、一个人物故事的必备要件，但它应当是新闻人的理想与追求。即使不谈理想与追求，一则消息，一个人物故事，也应当有其底线，或者说，是提供足够信息的责任。

非暴力沟通下的暴力沟通

文 / 解岩

上周末带女儿去北京坊溜达，站在 Page one 书店的 3 楼，这家来北京必打卡的书店，我第一次这么近看前门的箭楼，也第一次在这里浏览了传说中的《非暴力沟通》一书。循着目录直接翻到第三章"区分观察和评论"。别笑话我，尽管残障观察 CDO 做了这些年，却是第一次思考：何为观察，何为评论。

非暴力沟通的第一要素是观察，即仔细观察正在发生的事情，并清楚地说出观察到的内容。注意这个过程不做评判，不下结论。这看似简单，但在生活中，我们似乎更习惯根据自己的立场去做评判、去下结论，而非清晰地描述观察到的内容。

书中有一个观点：将观察和评论混为一谈，人们会倾向于听到批评，甚至会产生逆反心理。难怪别人都烦我，说我强势，躲着我走，原来我把残障观察直接变成残障评论，扎心呀！

书中还有一句话，印度哲学家克里希那穆提说：不带评论的观察是人类智力的最高形式。[1] 难怪别人都取笑我，议论我，原来我是把观察做成评论，没智力没智慧呀！

于是，我决定找点什么练手。随手翻看微信，全国家长组织联盟的一

1　马歇尔·卢森堡：《非暴力沟通》，阮胤华译，华夏出版社，2016，第 29 页。

条微信，进入眼帘。

看到题目"家长组织联盟理监事会议召开暨祝贺晓更基金会正式注册"（观察）。"晓更基金会"几个字吸引了我（观察），于是打开链接，上下滑动（行为），发现《基金会法人登记证书》只有一半，并且上方的文字名称"北京市晓更助残公益基金会"与登记证书上的"北京市晓更助残基金会"不一致（观察）。当然，名称中的"助残"两个字，尤为刺眼（评论）。去年晓更老师的追思会上，以晓更老师名字命名的基金会，已经是当时的战略规划。但我的确没有想到会加上"助残"二字，这与晓更老师的墓志铭"心智障碍者权利倡导者"，显然是不一致的（评论）。没有看到业务范围，这是为什么呢？（思考）

好奇心促使我打开"北京市民政局"的网站，找到相关信息。

业务范围：资助智力残疾和孤独症患者的诊疗；资助自闭症及相关发育障碍儿童的个别化康复。业务主管单位：无（观察）。微信推文是在刻意回避这段业务范围吗？有可能。一来与晓更精神不符；二来以我的经验判断，这里面一定有事（评论）。

《中国残障观察报告2016》监测分析中的"年度发现"，就已经收录"基金会"一词。收录的原因大致是最近一年来，在大多数基金会较少关注残障、各地多以"残疾人福利基金会"为主的局面下，一些基金会如雨后春笋般冒出。这对观察中国残障领域发展的我们而言，绝对是重大发现。好奇心又促使我进一步浏览北京市民政局网站。2018年以来，在北京市民政局注册的基金会中，与残障领域相关的，都冠以"助残"两字：北京市心目助残基金会、北京市思圻助残基金会、北京市晓更助残基金会……而在2016年前后注册成立的基金，如北京憨福儿公益基金会、北京病痛挑战公益基金会、北京爱的分贝公益基金会、北京培奇全纳教育公益基金会、北京新起点公益基金会等，"公益"两个字是大家的共同点（观察）。这些新出现的京籍基金会大多数是先有民办非企业单位，再另外注册一家基金会，比如，心目和红丹丹、晓更和融爱融乐、融合联汇、新生命和新起点、瓷娃娃和病痛挑战等（观察）。

有过基金会注册经历的我，观察至此，渐渐地有了一些思考和想法（评论）。

第一，2016 年 5 月《基金会管理条例（送审稿）》一出，最现实的变化是注册资金的增加。虽然截至目前，依然没有定论，各地民政部门登记操作，也若隐若现，但可以肯定的是，基金会注册的门槛提高在即，门要关了。不甘心以民非 / 社会服务机构示人的机构，选择走向基金会。

第二，都是关注残障领域的基金会，2018 年起名字均由"公益"转向"助残"，这说明民政部门加紧了对基金会这一非营利法人的管理和限制。过去几年，尽管基金会有无主管登记的政策，但如果基金会的注册名称中加入"助残"或者"残障"等带"残"的字样，都需要找残联做主管单位的前置审批。为此，在名称和业务范围里，民政部门多建议不体现"残"。而当下如此赫然醒目地加上"助残"字样，依然无需主管单位。这说明残障领域的基金会越来越多，民政部门作为登记单位，为了方便管理，名称和业务范围越具体越好，只"助残"不要想其他的"公益"。业务范围也要细致具体，是因为即便基金会成立以后想改，恐怕也没那么简单，加强管理是现实和趋势决定的。同时，这一现象也说明，民政部门越来越开放，"助残"两字都不需要残联的主管，残联与民政等政府间的划分有松动、有突破。

此外，这一变化，在残障专业判断上，可以说明一点：业务主管或登记单位明确选定"医疗模式"："残"即有病，还是得治。这几家基金会的业务范围中，充斥着"患者""康复""诊疗"等字眼，只字未提"公众教育""社会融入"等"社会模式"和"人权模式"中的基本目标。那么，自 2008 年中国批准加入联合国《残疾人权利公约》以来，我们多年所遵循、倡导的《公约》精神和落实去了哪里？如果仅仅为了注册，为了获得一个身份，妥协、委曲求全地去登记，那么作为非营利机构的宗旨、使命又去了哪里？

第三，这些基金会的业务范围限定得如此具体，而在现有的民非机构已然覆盖了该项业务的背景下，为何还要动用 200 万的资金专门注册一个基金会呢？这里有很多我百思不得其解的地方。

首先，当业务范围如此明确界定和限定于某一种残障类别，比如，视障、罕见病、自闭症、唐氏综合征等，那民非和基金会的分工是什么呢？民非和基金会的愿景、使命是否一致呢？

其次，操作层面，很多基金会为了降低运营成本，规避《基金会管理条例》中对行政管理费用的限定，会成立负责实际运营的民非机构，但民非和基金会的品牌 / 名称是一致的。而这些"助残"和"公益"基金会的民非机构与基金会的品牌，完全不一样。即便有些品牌是原有民非的产品或者发起人的名字，依然会面临品牌传播和认知度的挑战。

最后，既然品牌不一样，是一拨人马两块牌子，还是两拨人马两块牌子？接下来的机构治理，是同一拨人马还是几拨？员工又是如何？尤其像资金匮乏的非营利法人，如何支撑如此庞大的运营成本？以及捐赠资金是滞留在机构，还是惠及受益人群，以及其比例呢？

思及此，问题一大堆，答案没几个。我虽然下了决心要做观察和评论的训练，但可能还是失败了，以上的文字呈现的就是一个非常粗糙的练习过程。但我并没有买这本书来继续练习的欲望，因为我开始困惑于这本书的书名：非暴力？沟通？

过去，我们观察、思考和记录一些事实。从文字的叙事结构中，你们一定会看到我们的诚意和隐忍。但现实中，有的人私下对我们说：真敢写，真敢评！有的人背后评价我们：他们就是想当老大，什么都说三道四的，还妒忌别人。有的人当面夸我们：你们是基因人才，什么都懂，会说会写的，论述得越来越好。

我很困惑，何为非暴力呢？把观察到的现象记录下来，就会得罪人，就会被人理解为暴力。再加上我们有限的思考和理解，用自身的叙事框架呈现出来，变得更加扎人、刺耳，引起反感，就算暴力了。

那是不是，不观察、不思考、不记录，就是非暴力？也就是闭嘴？可如果闭嘴的话，又何来沟通呢？

我试图非暴力沟通，但在现实的行业环境里，只要表达，即被理解为暴力沟通。我想不通，也是没有购买此书的原因。

写完这篇，我是无药可救啦，因为我又得罪了、暴力了前面那几家同行，尤其是和我们有深厚渊源的家长联盟及其一众人等，我们的恶名和形象又会加深一步了。

罢了，管他暴力还是非暴力，先沟通了再说，老北京话：褒贬是买主！

书，虽然没买，但北京坊，建议来京的人士一定要去。老北京前门的廊坊头条所在地，很精细，无障碍也好，有星巴克北京旗舰店、WeWork、无印良品及其 Hotel，最文艺的还是 Page one 书店。里面貌似拍照的比看书的多，也是，到此一游还是来得容易，踏踏实实认字太慢。

房间里的残障者
——清华大学无障碍大会引发的思考

文 / 解岩

自《中国残障观察报告 2017》收笔之后，我很长时间没敢再动笔。一方面，被挖空的感觉再一次来袭；另一方面，不知道为什么，始终没有什么引发我的兴趣去提笔。尽管最近一段时间，领域里发生的事情不少。从小的残联换届的选票，到大的人事变动；从深圳 15 家自闭症入住公租房遭业主抗议，到南京残联将一家民办康复机构告上法庭；从 "99 公益日" 的众筹，到《公约》十年的纪念；甚至连 2018 年 10 月 15 日，对于我和一加一而言，十二年一个轮回这个重要的时刻，我都没有想要留下只言片语。

直到 10 月 15 日国际盲人节这一天（也许是天意，又是这个日子）清华大学举办的 "包容与多样——无障碍发展国际学术大会" 的召开。听着与会发言者时不时说出的 "患者"，看着狭小局促的听众座席，不到中午结束，我选择默默地离开，只是在三两好友的群里发出两句感慨："无障碍不谈落实只谈技术的话，那技术背后的潜台词是把残障者都当成白痴。""做无障碍研究的人，这是咋了，发言的叙事中要么是有无限的积怨，潜台词是我为残障者做研究有多不易，要么就说残障者的精神感召着我前行。"我知道，这些都是我个人的主观感受，即使出自我这样的专业人士（你会觉得我很大言不惭嘛），写出来又会成为别有用心者的把柄，于是作罢。

北京的交通，真是糟糕，从清华大学回南三环，还没等我进办公室，微信群里炸锅了。先是残障小伙伴们报告本次大会下午的会场二，轮椅无法进入，升降机坏了，只能靠人工搬抬；接着，照片曝光连中国残联副主席吕世明都是现场工作人员抬进分会场；接下来是大会没有可以让轮椅自如进入的卫生间……热烈的讨论一直持续着，冲淡了国际学术会议的内容。国人典型看热闹不嫌事大的心态，尤其是我，心里盘算着：再等等。

我等什么呢？

我在等朋友圈里面，哪位残障者率先曝光此事，而不是在几个好友的微信群里吐槽；我在等哪个残障公众号率先发出事件评论；我也在等自己兴趣一点点回升。

终于，在我有限的获取渠道里，得知 10 月 16 日微博名为"轮椅女王莫暖暖"者率先发出图文质询本次大会及清华大学。接下来 10 月 17 日周三，在民间残障社群有广泛影响力的微信公众号"残障之声"发出《清华大学开的是无障碍大会还是障碍大会？》一文，作者署名莫莫暖，文章配图与微博"轮椅女王莫暖暖"一致（此处亦是很有意思的地方，以后再写"论残障权利倡导者的改名现象"）。10 月 18 日周四，来自中国大连，这座与中国残障事业有着深厚渊源的城市，无障碍建设促进会的会长吕洪良博士，在该会的微信公众号撰文发表题为《人生实苦，但我始终相信——致清华校长的一封公开信》。之后，截至 10 月 20 日，"残障知音""生命之歌""知更鸟无障碍出行"等少数残障自媒体转载该篇文章。

如此龌龊地躲在屏幕后面，如同发现新大陆一般地上蹿下跳，这样的行径对于以往的我来说，是万万瞧不上，也做不出来的。但此事不同，非同一般。做出这样键盘侠的行为，也是不得已而为之。

首先，"无障碍"这一政治正确议题（从残障专业上来讲是政府责任），在国内的落实情况，显然是众所周知的，因此，不好评论和评价公开的社会环境，尤其是当下。当这一议题降临到一个与之相关的、还是国际的、并且是在清华大学召开的会议里，这种不和谐、不落实的事实就这么突然地显现了？能不能说？敢不敢说？敢，又是谁敢说？不敢，如果连"无障碍"都不敢说，那么，还有什么敢说呢？

其次，"无障碍"这一残障社群的合理诉求，在联合国《残疾人权利公约》批准通过的十年之际、在中国政府刚刚递交完第二/三次合并报告的时候，面对本次会议这样一个事实，残障社群的伙伴们，敢不敢说出"没有我们的参与，不要做出与我们相关的决定"？敢不敢遵循《公约》精神，勇敢地站出来，说出本次大会的失误和对残障社群的无视？这将从一个侧面反映出中国民间残障社群意识觉醒的程度与行动的有效性，更是《公约》履约情况的一个现实反应。

再次，"无障碍"一词落户在"清华大学"和"学术研究"这几个关键词组合起来的场景，给了残障社群太多的期待，更是一种榜样和领袖的力量感召着其他学府和研究者。但从会议的组织来看，本次会议非属第一届会议，况且往年的会议也已经出现过，这次又出现论坛主要捐赠方之一的福建省自强助残助学基金会发起人郑声滔教授（轮椅使用者）无法上台领奖的情况。再次发生这样的情况，我们已经无法用"疏忽"二字来理解。仅从会议组织这件细微小事来看，我们有理由对其学术研究的严谨和专业程度以及对民间残障社群的尊重程度，保持审慎的态度。而就在本次会议的前一天，同样是在清华大学，我参加了清华大学公共管理学院 NGO 研究所二十周年的庆祝活动。我用我的经历见证了清华大学与中国民间草根组织共同成长的这二十年。此刻，对于清华大学 2016 年成立的无障碍发展研究院，我只能用"才 3 年"这样的语句来安慰或者欺骗自己。

最后，"无障碍"这项督促政府责任落实的工作，是近些年来，行使"代表、服务、管理"职能的中国残联的主要工作之一，是残障领域的事务与社会公众最为接近的内容，更是惠及全社会的工作。作为本次会议合作方之一的中国残联，恰恰在本次会议之前，即 10 月 14 日下午，就在清华大学举行了全国无障碍机构第一次联席会议暨"2018 融合发展圆桌会议"。时隔仅一天，就出现这一状况，并且连续两年发生。在谈"无障碍"落实之际，在 2022 北京冬残奥会到来之前，残联系统招募下的无障碍机构及残障者们，他们的表态和接下来的工作，值得玩味和持续观察。

正是基于上述四点理由，以小见大，呈现出这件事背后的重要图景和枝节脉络，我沉默了，陷入了深深的思考，脑海里浮现出太多"怎么了"和"为什么"。切入本次事件，我没有选择"无障碍"和"合理便利"这两个在《公约》里出现的词语进行论述分析，没有选择历史文物或老旧建筑物无障碍改造的探讨，没有选择无障碍国际会议的专业程度进行解读，我选择了残障者和代表残障社群的代表机构对此事作何发声为切入点。于是，我同其他残障伙伴一样，有担心和顾虑。

这一事实，如同"皇帝的新装"。

大家都知道场地无障碍设施不好，但无障碍设施最直接的使用者，残障者们谁也不说。突然有个小男孩大胆站出来告诉大家"瞧，皇帝什么也没穿!"并且这不是第一届，是第三届。主办方已经知道场地的无障碍设施不好，或者知道缺乏无障碍设施也加装了一些，但依然不合理安排会场，出现此等问题，等于说这次皇帝也知道自己没穿衣服，身边所有人都知道皇帝没穿衣服，而绝大多数人依然在称赞皇帝的新衣真漂亮。这时候，突然有个不知天高地厚的小男孩跳出来说"没穿衣服"。那么，不仅是皇帝，恐怕围观的残障伙伴和吃瓜群众都会群起而攻之。

行文至此，智慧的读者想必知道我想表达什么，如果还不知道，干脆推荐你看一本书《房间里的大象》，作者伊维塔·泽鲁巴维尔。豆瓣读书是这样介绍这本书：

> 什么也没做，什么也没说，你，真的确定自己是个好人吗？恶人的劣言坏行固然可憎，好人视若无睹的沉默更可怕。世上许多不幸，源自没有说出口的事。我们虽然自认只是不赞一辞的旁观者，却在不知不觉中，成了沉默的共谋者……当我们眼见真理却不发一语，就是我们开始死去的时候。
>
> 日常生活社会学领域中，本书是关于集体沉默的第一本完整研究著作。本书从英语谚语"房间里的大象"入手，从社会学角度剖析人们私密生活和公共生活中，对于某些显而易见的事实，集体保持沉默的社会现象，作者将之称为合谋性沉默。作者阐述了合谋性沉默的成因、组成形式、参与者的动机和表现，以及这种沉默对人们社会生活的影响，并探讨了打破沉默的可能和方式。

残障社群的伙伴们，无论你是活跃在民间的个人，有组织归属的职业人、公益人；还是身处包括残联在内的体制人，抑或与体制保持千丝万缕的关系，游离于体制内外的利益人。我知道，我们不发声，选择不约而同的沉默，"揣着明白装糊涂"，或者发声却回避问题的核心，说一些无关痛痒的解释，"顾左右而言他"，这是发自内心的真实的担心和顾虑。

所处的环境，身上的职务，道德的光环，涉及的利益，社群的身份……以残之名，以弱之意，以和之果，又怎能说出朴素的事实。

有人说，沉默不完全是因为道德的放弃，也未必完全出于功利目的，而是在我们的人性中，天然有一份幽暗。我们希望通过沉默来建立一种安全感，在无法沟通时，沉默是最好的共谋。所以，人越多，沉默就越可能发生。因为沉默时我们彼此相等，大家都是沉默者，所以个体便不用再承担责任，我们欣喜地发现，我们原来是大多数。

予残障者呢，沉默是最好的保护，显得可怜总会得到大多数人的怜悯，并以此激发出他们的善心或是拿残疾人自己的卑微心态励志。我们无时无刻不在学习沉默，最终，它融入了我们的血液中，成为我们下意识的选择。不满、抗议、欢乐、鄙夷、哀伤、放弃……当所有这些感受都可以通过沉默来表达时，真相就被遮蔽了，我们携手埋葬了未来。残障者如此，其他人呢？you too。

即将收笔时，该给文章起个什么名字呢？《房间里的大象》一书的书名，是借用自美国的一句谚语：房间里的大象，意指房间里明明有一只大象立在那里，但人们就是视而不见，对此保持一致的沉默和否认。本文借此格式，题目定为《房间里的残障者》。你们看得见我吗？

爱因斯坦说"发现问题比解决问题更重要"，因为只有发现并意识到问题的存在，问题才有被解决的可能。而问题的解决不能也不可能依赖于"问题的提出者"，它所需要的是每一个社会成员的觉醒，以及觉醒后的努力。

我愿意做个打破沉默的问题提出者，要不一起？

后 记

在 2017 年的后记中，就曾提到撰写压力，还冠以"最"有压力。谁曾想，压力一年比一年大，并且压力源也在发生着变化。

2018 年的压力源，在原有的脚步放慢、行动停滞、怀疑自己的基础上，心头又多了一层阴影，甚至有时候会泛起一种恐惧，似乎离着恐怖也不太远。

我承认，这份报告写到第五个年头，如同剥洋葱一般，越写触及的问题越深刻，满眼被洋葱辣眼流泪，不敢剥了。我发现，行业里原创、评论的文章数量也下降了，大家似乎都不发声，点赞的人也少了许多，不敢发了。我察觉，参加行业会议的与会者的面容表情几乎一样，发言逻辑千篇一律，不敢说了。

我辨识不出这些是感受还是错觉，只是自己总有莫名的心跳加速。既然搞不清楚，就先记下来并搁置吧。也由此借机收笔，明年再见！

解 岩

2019 年 9 月 5 日

附　录

马志莹在联合国《残疾人权利公约》第十一次
缔约国会议的发言稿（中文）

一加一在联合国缔约国会议上的历史性突破

2018 年 6 月 12-14 日，位于纽约的联合国总部举行《残疾人权利公约》第十一次缔约国会议。马志莹博士（肢体障碍）作为一加一／残障观察 CDO 的代表，在 14 日下午闭幕式的互动对话中，以民间社会代表身份发言。这是中国民间残障领域的 DPO 第一次在缔约国会议上发言，实现历史性突破。以下为中、英文发言全文。

主席、尊敬的代表、女士们、先生们：

非常荣幸代表一加一，作为民间社会发言人在此发言。过去十二年，一加一致力于推动残障议题从"医疗模式"向"社会模式""人权模式"的范式转变。2012 年，一加一独立向联合国残疾人权利委员会递交中国履约的影子报告。今年，正值《残疾人权利公约》实施十周年之际，一加一第一次来到联合国，直接参与缔约国和民间社会代表的对话，以践行《公约》的精神：没有我们的参与，不能做出与我们有关的决定。

今年大会的主题是"全面落实《公约》，不落下任何一个人"。过去四天，与会者深入讨论了实现这一愿景的必要机制、关键内容、重点人群。

各国代表交流了这些方面的良好实践、面临的困难，也探讨了下一步的行动和合作计划。此刻，让我们庆祝我们共同取得的重大成就！

作为一名残障女性，也是长期关注这一议题的研究者，我更关注残障女性和女童的议题。基于一加一过去十二年的工作经验，也基于过去四天的讨论，我们发现，中国残障女性遇到的问题，也是全世界残障女性面临的挑战。这些问题包括：关于残障女性生存和发展的数据严重缺乏；残障女性的受教育水平、就业率和社会经济地位普遍低于健全人口和残障男性；残障女性容易遭受到不同形式的家庭和性别暴力，而残障女性——尤其是心智障碍女性——合理的性需求和性表达也易被忽视或病态化。对在农村和其他资源缺乏地区的残障姐妹而言，这些困境更是深重。

我们关注到，在全球范围内，妇女运动和妇女权益组织都不了解残障，缺乏对残障女性的关注。另外，至少在中国，残障人自组织还比较少，女性往往不占有主导地位。因此，残障女性在民间社会发展中处于双重弱势。正值联合国妇女署的代表在场，请允许我强调，残障女性的权利关乎所有女性的权利，因此必须纳入更广泛的妇女运动中。

在性别与残障的交叉点，我们还注意到，当社会缺乏对残障人士的支持时，承担照料残障人士——尤其是支持需求高和被认为没有能力的残障人士——任务的，主要是家庭中的女性，包括残障女性。这些照料者身心压力很大。而当家庭成员的监护权超越了残障者的选择和自主权时，双方就可能产生矛盾，甚至互相伤害。很明显，我们需要一个新的关于照料的社会契约，以推进残障权利，同时防止女性被边缘化。

针对这些问题，一加一采取了许多行动，包括开展性与生殖健康教育、反性别暴力项目，培育受残障影响女性小组（现已独立），以及向妇女组织和家长组织提供《公约》培训等。今天，在这个历史性的场合，我们希望更进一步，对中国和国际社会作出三点呼吁。

1. 希望各国政府、残障人自组织和学术界通力合作，在残障女性相关的数据收集上做到更及时、更全面、更多样、更精细。并且明确和落实政府各部门在数据收集中的责任。

2. 期盼成员国与社会继续努力，加强残障女性的社会支持体系，切实提高残障女性的受教育程度和经济水平。国家和社会应该对残障人士的家庭提供支持，并促进照料从替代性决策向支持性自主决策发展。国家和社会应当提供资源和合理便利，以消除残障女性面对家庭和性别暴力时特有的困境。在农村和其他资源缺乏的地区，这些支持、服务和法律保护尤其应当加强。

3. 期待成员国进一步扩大社会组织——包括残障人自组织——的发展空间。同时，希望国家和民间社会携手合作，为残障女性活跃分子增权赋能，使我们可以全面参与公共事务，并在此过程中茁壮成长。

为了实现这三点，国家和国际组织需要基于权利投入更多资源，民间社会需要能更充分地参与到政策制定和监测之中，残障人士需要在法律面前获得平等承认。因此，本次缔约国会议的各个议题，实际上构成了一个有机整体。在回到各自的国家和组织之后，让我们广泛分享本次会议的成果，大力推动《公约》的全面实施，不落下一个残障女性和女童。谢谢！

马志莹在联合国《残疾人权利公约》第十一次缔约国会议的发言稿（英文）

Chair, Distinguished Delegates, Ladies and Gentlemen:

It is my great honor to speak here on behalf of One Plus One as the civil society representative to this session. In the last twelve years, One Plus One has devoted itself to promoting the disability paradigm shift from the medical model to the social model and the rights model. In 2012, One Plus One submitted an independent shadow report on China's implementation of CRPD to the Committee on the Rights of Persons with Disabilities. This year, as we celebrate the 10th anniversary of CRPD's entering into force, One Plus One comes to the United Nations for the very first time. By directly engaging in dialogues with state parties and civil society representatives, we are living out the spirit of CRPD: Nothing about us, without us.

The overarching theme of this year's conference is "Leaving no one behind through the full implementation of the CRPD." Over the past four days, participants have discussed the necessary mechanisms, key elements, and focus populations involved in realizing this vision. Representatives from different countries have exchanged good practice and problems they face in this regard. We have also explored action and collaboration plans for the next step. Let us celebrate the great achievements we have made together!

As a woman with disability and a researcher who has long been concerned about this issue, I mainly focus on women and girls with disabilities. Based on the twelve years of experience that One Plus One has in this field, and also on the conversations here over the last four days, we find that the issues facing women with disabilities in China are also challenges facing our sisters across the world. These include the grave shortage of data on women and girls with disabilities; the fact that the education levels, employment rates, and socioeconomic status of women with disabilities are all significantly lower than those of the non-disabled population and of men with disabilities; the fact that women with disabilities are vulnerable to different forms of domestic and gender-based violence, while our sexuality, especially the sexuality of women with intellectual and psychosocial disabilities, is often neglected or pathologized. All these vulnerabilities are aggravated for our sisters in rural and other resource-poor areas.

We also remain concerned that around the world, mainstream women's movements and women's organizations typically lack knowledge of disability, and they routinely ignore women with disabilities. Meanwhile, in China at least, DPOs are still few in number, and their leaders are usually not women. Therefore, we sisters may be doubly disadvantaged in civil society participation.

Now that representatives from UN Women are here, let me emphasize that the rights of disabled women affect all women's rights and must therefore be integrated in the women's rights movement more broadly.

At the intersection of gender and disability, we further recognize that without adequate social support for persons with disabilities, the tasks of caring for persons with disabilities-especially those with high support needs or who are deemed incapable-are primarily carried out by women in the families, including women with disabilities. These caregivers experience high physical and psychological strain. Moreover, when families' guardianship trumps the choice and autonomy of persons with disabilities, conflict or even mutual harm may occur between the two sides. It is clear that a new social contract on care is needed to both advance disability rights and avoid the marginalization of women.

To address these issues, One Plus One has taken numerous actions in China. We have conducted sexual and reproductive health education and anti-violence programs, developed a Disability Affected Women Support Group, which is now independent, and provided CRPD training to women's organizations and parents' organizations. Today, on this historic occasion, we want to take a step forward and make three proposals both to China and to the global community:

Firstly, governments, DPOs, and academics should work actively and constructively together to gather comprehensive, up-to-date, diverse, finely-tuned data relating to women and girls with disabilities. Different government sectors should clarify and realize their respective responsibilities of data collection.

Secondly, member states and societies should continue to strengthen support systems for women with disabilities, to advance our education and income levels. States and societies should support families with persons with disabilities, and they should promote the transition of care from substituted decision making to supported decision making. States and societies should provide resources and accommodations to reduce the vulnerabilities of women with disabilities in the face of domestic and gender-based violence. These efforts in support, services, and legal protection should be particularly strengthened in rural and other disadvantaged areas.

Thirdly, member states should expand the space for civil society organizations, including DPOs. Equally importantly, states and civil societies should join hands to include and empower disabled women leaders and activists, so that we can fully participate and flourish in the public sphere.

In order to realize these three points, states and international foundations need to make more rights-based financial investments, civil society needs to be able to fully participate in policymaking and monitoring, and people with disabilities need to receive equal recognition before the law. Therefore, the multiple topics of this conference constitute an organic whole. As we return to our own countries and organizations, let us widely share the fruits of this conference and strive to promote the full implementation of the CRPD, so that no one—no woman or girl with disability—will be left behind. Thank you!

图书在版编目（CIP）数据

中国残障观察报告. 2018 / 解岩主编. -- 北京：
社会科学文献出版社，2020.4
（残障观察丛书）
ISBN 978 - 7 - 5201 - 6399 - 6

Ⅰ.①中…　Ⅱ.①解…　Ⅲ.①残疾人 - 研究报告 - 中
国 - 2018　Ⅳ.①D669.69

中国版本图书馆 CIP 数据核字（2020）第 041788 号

残障观察丛书
中国残障观察报告 2018

主　　编／解　岩

出 版 人／谢寿光
组稿编辑／刘骁军
责任编辑／姚　敏
文稿编辑／舒燕玲

出　　版／社会科学文献出版社·集刊分社（010）59367161
　　　　　地址：北京市北三环中路甲 29 号院华龙大厦　邮编：100029
　　　　　网址：www. ssap. com. cn
发　　行／市场营销中心（010）59367081　59367083
印　　装／三河市龙林印务有限公司

规　　格／开　本：787mm × 1092mm　1/16
　　　　　印　张：18.25　字　数：226 千字
版　　次／2020 年 4 月第 1 版　2020 年 4 月第 1 次印刷
书　　号／ISBN 978 - 7 - 5201 - 6399 - 6
定　　价／98.00 元

本书如有印装质量问题，请与读者服务中心（010 - 59367028）联系